極上の言葉に涙する夜があってもいいじゃないか

胸を撃つ88の物語

浅沼道郎

JN093074

みらい PUBLISHING

はじめに

この本を手に取ってくださった皆さん、こんな経験はありませんか。

もうダメだ！　ものごとに行き詰まり、どうしようもなく苦しく、一人悩んでつぶれそうになったとき、たった一つの言葉で、スーッと気持ちがラクになった経験、ありませんか。

私は、あります。仕事が思うようにはかどらず、「自分には向いてないな」と、暗い日々を送っていたとき、ある人のちょっとした一言で心はスッキリ、まさに霧が晴れるような思いをしたことが……（詳しくは本文で）。

言葉には、それだけのチカラがあるのです。

私は名古屋テレビ放送（通称メ～テレ・名古屋市中区）で28年間アナウンサーを務めました。「話し方」のプロとして、たくさんの言葉に出合い、言葉のチカラを実感してきました。

多くの人に感動を届ける言葉は、偉人たちの名言だけではありません。名もない人たちのさりげない一言が周りの人を励まし、勇気づけることも日常的にあることです。

私は日頃から、メディアを通じて心に響いた言葉はもちろんのこと、周りの誰かが何気なく発した光る言葉も、即座にメモするようにしています。

この本は、これまで私が書きためた言葉の中から**〈88の極上の言葉〉**を選んで、ある言葉についてはは物語仕立てで、またある言葉についてはエッセイ風に書き上げました。

登場人物は、実在する人もいれば、架空の人もいて、内容・構成もまちまちです。共通するのは、どれも一つの言葉が苦しくつらい立場の人の悩みを吹き飛ばし、元気に前を向いて歩いていける！　そんな清々《すがすが》しさに満ちているということです。

とても優しくあたたかい、粋な言葉が、心身ともに疲れた皆さんに染み入って、ほっこり優しい涙を誘うはずです。


いまの生活に不安を募《つの》らせ、モヤモヤ感を抱えている人。

心あたたまる言葉に触れ、日常生活のストレス発散を願っている人。

学校や職場、家庭など、さまざまな場で人間関係に悩んでいる人。

話し方に自信がなく、周りとの付き合いに自信がないと嘆いている人。

この本を、そんな皆さんの悩み解消に少しでも役立てていただけたら、著者としてこれほど嬉しいことはありません。


それでは、お待たせしました。

今宵は独り静かに〈極上の言葉〉を心ゆくまで味わい楽しんでください。あすの朝は目覚めもスッキリ、素晴らしい一日が待っているはずです！

第1章　人生

「つまらない人生なんてないんだよ」

ある日の父親（45）と中2の息子の会話から。

「お父さんは地元の役場で働いていて、毎日おもしろい？」

「うん、おもしろいよ。でも、どうして？」

「○○君のお父さんがアメリカに転勤するって聞いて、おもしろそうだなと思って……」

「お前も将来、海外で仕事をしたいのかな」

「うん、バリバリ仕事したい」

「バリバリかぁ（笑）。お父さんはバリバリやってるようには見えないかな」

「うーん、そうだね。のんびりしてる」

「ハハハ、そうかぁ。でも、そうでもないんだぞ。お父さんだって毎日、住民の人たちのいろんな要望や苦情でけっこう大変だよ」

「でも毎日、大きな変化はないでしょ。ボクは変化のない人生はおもしろくないと思う」

「そうかぁ。でも変化があるかないかは、本人の感じ方次第だと思う。はたから見たら同じような毎日でも、本人にとっては、毎日、変化だらけさ」

「そういうもんかなぁ？」

このときお父さんは、多感な中学生の息子にこれだけは伝えたいと思いました。

「**そうさ、周りからはどう見えても、つまらない人生なんてないんだよ**」

幸せの感じ方は、みな違います。

これから大人になろうとする息子に、父親が伝えたかったこと――それは、どんな人生にも価値があり、その価値は周りが判断するものではない。本人が幸せを感じられる生き方がベストだ、ということでした。

たしかに、おもしろいとか、おもしろくないとかは、客観的に判断することではなく、すべて本人の気持ち次第で満足度は変わってきます。

お父さんは息子さんに、こんなことも話しました。

「お前が生まれてきてくれたことだって、はたから見たらごく普通の当たり前のことかもしれない。でも、お父さんやお母さんにとっては、もう奇跡に近い、一生忘れられない素晴らしいできごとだったんだよ」

本人が「いま幸せだな、おもしろいな」と思えたときが、誰も介入できない、その人だけが浸れる〈喜びの瞬間〉なのではないでしょうか。

どんな人生にだって、ドラマがあります。つまらない人生なんて、あろうはずがありません。

第2話

「人間はいくつになっても、ヒーローになれるのさ」

小学1年生のA君は、テレビドラマの戦隊シリーズが大好きです。カラフルなマスクとスーツに変身して悪者をやっつける姿に憧れ、大きくなったら本気で戦隊メンバーの一人になることを夢見ています。

なかでもリーダーのレッドが一番のお気に入りで、クリスマスや誕生日のプレゼントもすべて戦隊グッズと決まっています。

この日もおじいちゃんにレッドの変身アイテムを自慢しながら、ひとしきり戦隊ヒーローの話に花が咲きました。

「おじいちゃんもヒーローは好きだった?」

「ああ、おじいちゃんの子どもの頃は仮面ライダーだったな。時代は変わっても、子どもたちの憧れるものは同じだね。Aちゃんはどうしてヒーローが好きなの?」

「だって、強いし、カッコいいじゃん。ボクも大きくなったら戦隊ヒーローになりたい。なれるかな?」

ここでおじいちゃんは孫のA君に、ヒーローはいろんなものと戦っていることを教えたいと思いました。

「きっとなれるさ。だって**ヒーローは正しいことをする人だ。人間はいくつになっても、正しいことをしていればヒーローになれるのさ**」

ヒーローが戦う相手は〈見える敵〉だけではありません。大人になれば、周りには〈見えない敵〉がいっぱい現れます。

大事なのは、どんな敵が相手でも、自分が正しいと思うことにしたがって行動すべきだということです。

おじいちゃんは続けました。

「大きくなると、正しいことと正しくないことの見きわめがとっても難しくなるんだな。でも、どんなときも自分が正しいと思うことができれば、必ずお前もカッコいいヒーローになれるぞ」

そして最後に、こう付け加えました。

「**もしそれで負けることがあっても、正しいことをしていれば胸を張っていられるのさ**」

人を励ます言葉は、同時に自分自身をも奮い立たせてくれるのです。

第3話

「負けるのがイヤだったら、勝負をしない人生を選びなさい」

『人生の悩み相談室』にきた39歳の女性（未婚・契約社員）と、ある住職の会話から。

「私、はっきり言って『負け組』なんです」

「というと？」

「もうすぐ40なのに彼氏もいなくて、正社員にもなれなくて、何でも中途半端で……」

「それが『負け組』というものなのか？」

「そうですよ」

「誰に負けておるのじゃ？」

「だから、みんなに負けてます」

「その『勝ち組』のみんなは、勝ったことに満足しておるのだろうか？」

「それは、そうだと思いますけど……」

「世の中には、結婚をしても、正社員になっても、不幸せな人間はいっぱいおるぞ」

「でも私に比べたら……。私、小さい頃からいつも負けてばっかりなんです」

「ほう、悩みの原因はそこじゃな」

「え？」

「いつも自分と誰かさんを比較しておる。そもそも人生は勝ち負けを競うものではない」

「と言われても……」

「そんなに負けるのは悔しいか？」

「はい、つらくて、悲しいです」

「ならば、生き方を変えるのじゃな」

そして、こう続けました。

「負けるのがイヤだったら、勝負をしない人生を選びなさい」

この一言で、女性はほんのちょっぴり、肩が軽くなった気がしました。

「勝ち組」と「負け組」を分ける発想には、必ず〈基準〉があります。

その〈基準〉とは、お金や学歴、仕事、結婚、地位、住まいなど、もうありとあらゆるものが挙げられます。すべて人間の欲望の産物と言っていいでしょう。

でも、考えてもみてください。

幸か不幸かの感じ方は、みな違います。幸福の〈基準〉が人それぞれだからです。

結婚を幸福の象徴と考える人もいれば、結婚が足かせになって不幸と感じている人、独身貴族を満喫して人生を謳歌《おうか》している人も大勢います。

人生、そもそも勝ち負けを競うものではない、そう信じることから始めましょう。

そして、これからは一切、他人との比較をやめること。（勝負なんかしないよ）。声には出さずに、一人、心の中で何度も繰り返すのです。

それだけで、ずいぶん気分はラクになりますよ。

第4話

「お前、おしゃれな人生だね」

B男さんは65歳。先月、43年勤めた自動車部品メーカーを退職しました。

三人の子どもはすでに独立していて、今後は妻と二人、のんびりセカンドライフを楽しもうと思っています。

といっても、これまでは仕事ひとすじで、休日は家でゴロゴロしているだけ。趣味らしい趣味なんて一つもありません。

そんなB男さんには、妻にも話したことがない〝ささやかな夢〟がありました。

それは〈生け花〉でした。

製造現場の喧騒《けんそう》から離れたいま、とにかく静かな世界に浸りたい。65年間、まったく無縁だった花の知識を得たい。これが、B男さんが〈生け花〉に惹かれた理由でした。

早速、文化センターの生け花教室を仮予約しましたが、生徒の平均年齢は30代で、しかも男性の生徒は自分だけと聞き、本契約に切り替えるかどうか、正直、迷っています。

そんなとき、久しぶりに会社の同期の友人と一献《いっこん》かたむける機会がありました。

彼とは新人の頃から気心が知れた仲で、互いに何でも話せる関係でした。定期的に二人で酒を酌み交わしては、グチを言い合ってウサ晴らしをしたものです。

そんな仲でも〈生け花〉の話だけは、気恥ずかしさが先立って、B男さんはなかなか切り出せません。ようやくゴルフの話題が一段落したところで、思い切って告白しました。

「実はオレ、いまやってみたいなと思うことがあって……」

「ん、何を？」

「うん、生け花」

「生け花？　お前が？　この歳で？」

「うん、65歳のオレが、生け花をやりたい」

「生け花か……」

そのあとしばらく間があって、彼からは意外な反応が返ってきました。

「**お前、おしゃれな人生だね**」

てっきりからかわれるものと覚悟していたB男さんでしたが、友人のこの一言が背中を押しました。

さらに友人は言葉を続けました。

「何かを始めるのに遅いということはない。始めたいときに始めるのが一番いいと思う」

趣味を持つことで、間違いなく人生は豊かになります。思いもかけず励まされたB男さんは、その友人に対して、さらに信頼感を深めました。

子どもはいつでもどこでも夢中になれることを見つけます。いくつになっても新たなことに夢中になれるのは、ほんのわずかな〝素敵な大人〟だけです。

将来は師範の資格を取得して、外国の人たちとも交流を深めたい――B男さんの夢は広がります。

第5話

「『大丈夫よ』。その一言で、すごく救われたことを記憶しています」

２０２１年11月9日、作家で尼僧《にそう》の瀬戸内寂聴さんが亡くなりました（享年《きょうねん》99）。

寂聴さんといえば、生前、数多くの名言を残し、悩める人たちに勇気と希望を届けました。

元宮崎県知事の東国原英夫さんは、寂聴さんとの忘れられない思い出を、コメンテーターを務める番組『ゴゴスマ』（ＣＢＣ・ＴＢＳ）でこう語りました。

「先生には私が20数年前に不祥事を起こしたとき、とても救われました。雑誌の対談でしたが、**軽く一言、『大丈夫よ』とおっしゃったんですね。そのたった一言で、すごく救われたことを記憶しています**」

傷つき、悩み、苦しむ人を、たった一言で癒やし、いたわる魔法の言葉が、この「大丈夫よ」です。

なぜこの言葉が心に染みるのでしょうか。

一番の理由は、それが寂聴さんの口から発せられた言葉だからです。ニュアンス、トーン、響き、どれをとっても、けれんみのない本物の優しさに満ちあふれているからです。

同じ一言でも、人生経験を重ねた人の言葉は重く、心に染みるのです。

ほかにも、私が大好きな寂聴さんの言葉がありますｌ。

「歳月が薬になる。時間が心の傷を癒やしてくれる。それを日にち薬という」

どんな深刻な苦しみも悲しみも、必ず癒える日が来る——誰もが願っていることです。

その悩める人たちの心に寂聴さんは常に寄り添いました。

「生きることは愛すること。愛することは許すこと」

こうも話した寂聴さんは、多くの人たちを励まし続けました。

時に、親からの虐待に耐えきれず、何度も手首を切った少女の傷をさすりながら「大丈夫よ、大丈夫よ」

時に、不倫が原因で職場を追われ、親からも勘当された女性の手を包みながら「大丈夫よ、大丈夫よ」

軽い口調で、でも力強い「大丈夫よ」の優しい響きが、寂聴さんの笑顔とともに蘇ってきます。

第6話

「社会に出たら、本当の敵は、みんな味方の顔して近づいてくるぞ」

高校卒業式のあと、問題ばかり起こしていた生徒と生活指導の先生との会話から。


「あ〜あ、がんじがらめの生活とも、これでやっとおさらばだわ。せいせいするわ」

「学校はそんなに不自由だったか？」

「ああ、自由なんかこれっぽっちもねえ」

「社会に出たら、もっと不自由だぞ」

「そんなことねえよ。オレは自由に生きてやる。ヤクザにでも何でもなってやる」

「じゃあ聞くが、自由って何だ？」

「そりゃあ、誰にも文句を言われねえで、何でも思い通りに行動できる、つーことだよ」

「ん、そんな社会がどこにある？　どんな社会にだってルールはある。ヤクザの世界だってがんじがらめだぞ」

「そ、そんなことねえよ。ヤクザになって、自分一人の力で生きてやる」

「どんな社会も一人じゃ生きられない。いいか、社会に出たら、まず味方をつくれ」

「おう、どうせ高校なんか、お前ら、みんな敵ばっかりだったからな」

「いいか、これだけは言っておく」

「うるせえな」

「**社会に出たら、本当の敵は、みんな味方の顔して近づいてくるぞ**」

「………」

この生徒さん、最後の一言には、ほんのちょっぴり（？）たじろいだ様子もうかがわせました。正直、厳しい社会の現実を、どう受け止めているのでしょうか。

最後まで反抗の姿勢をくずさない生徒に、先生が伝えたかったことは四つありました。

一つ目は、どんな社会もルールを守らねば生き抜いていけないこと。ヤクザの世界も同じです。いや、想像以上に非情であることは間違いないでしょう。

二つ目は、どんな社会も一人では生きていけないこと。なにごとも自分一人で完結なんてありえません。だから味方をつくれ、と。

三つ目が、『男子家を出ずれば七人の敵あり』。もちろん現代では男子に限りません。社会に出たら大勢の敵に備えよ、との戒《いまし》めです。

そして最後に、本当の敵と味方を見きわめよ。甘い言葉をささやく人間より、耳が痛いことを言ってくれる人間を大切にせよ、という教えでした。

この生徒、これまで敵としか見ていなかった先生たちが、実は一番の味方であったことに気づくのは、さていつのことでしょうか。

第7話

「目をつぶってるから暗いのさ。しっかり目を開けばいい」

ある日の祖父と孫娘（高3）の会話から。

「ねえ、じっちゃん。80年生きてきて、何が一番楽しかった？」

「うーん、いっぱいあってわかんねえな」

「へー、そんなに楽しいこと、いっぱいあったんだ」

「あったさ。もう忘れたけど……」

「忘れた？　それじゃあ意味ないじゃん」

「そんなことないさ。楽しいこと、思い出せないほどいっぱいあって、だからほんとに楽しい人生だった。それでいいだろ？」

「うーん、そんなもんかな」

「そうさ、だからこれからが楽しみだ」

「え、これから？」

「ああ、ワシの人生、まだまだこれから。どんな人との出会いがあって、どんなことが起こるのか、楽しみで仕方がない。お前だってこれから楽しいこと、いっぱいあるぞ」

「ぜんぜんだよ。受験にしたって、就職にしたって、何の希望もありゃしない」

「そんなもん、考え方次第だろ」

「考え方の問題じゃないって。とにかくアタシの将来、お先真っ暗なの！」

「**目をつぶってるから暗いのさ。しっかり目を開けばいい。それからもう一つ。ふりむくなよ。後ろに未来はないぞ**」

「じっちゃん、カッコよすぎるって！」

なぜ、じっちゃんの言葉がカッコよく響くのでしょうか？

そのカッコよさの理由は、じっちゃんが常に前向きの言葉づかいでポジティブに語っているからです。じっちゃんは、究極のプラス思考の実践者でした。

そう、いくつになっても未来を語れる人はみな、カッコいいのです！

それに比べて、孫娘は「アタシの将来、お先真っ暗なの！」。典型的なマイナス思考です。

そして、このあとのやりとりで確認しておきたいのが『しっかり目を開けばいい』の部分です。

ここでは単に『目を開《あ》ける』ではなく、あえて『目を開《ひら》く』（知識を得たり、真理を悟ることによって新しい境地を知る意）と表現していることに注目してください。

この『目を開く』心がまえがあって初めて、真に前向きの姿勢と言えるのです。

いくつになっても前向きで、希望を持って生きる人こそ、最高に魅力的な人と言えるでしょう。

第8話

「夢をあきらめるって、実は一歩前に進むことなんだと思うよ」

C子さんとD子さんは小学生の頃からの親友です。ともに歌とダンスが大好きで、「大きくなったらアイドルになる!」が二人の共通の夢でした。

しかし年齢を重ねるにつれ、C子さんは現実路線へ。いまは専門学校を卒業してパティシエになる道を歩んでいます。

D子さんは中学時代から本格的なオーディションを受け続けていますが、残念ながら一度も合格したことはありません。成人してからは年齢制限もあって、オーディションに応募すらできない状況です。

何より家族の猛反対があって、D子さんはとうとうアイドルの道を断念しました。

久しぶりに顔を合わせても、D子さんはタメ息をつくばかり。まったく覇気《はき》が感じられません。

(どんな励ましの言葉をかけようか?)

C子さんは迷いながらも、こう話しかけました。

「夢をあきらめるって、実は一歩前に進むことなんだと思うよ」

その瞬間、ほんのちょっとだけ、D子さんの目が〈輝き〉を取り戻したように見えました。

どんなに挫折を繰り返しても、その先には

新たな可能性が広がっていることを、C子さんはD子さんに伝えました。

アイドルの世界に限りません。プロ野球選手やJリーガー、漫画家など、子どもの頃から憧れていた仕事に就《つ》ける人は、ほんのひと握り。ほとんどの人たちは、成長とともに現実的な職業を選択していきます。

それが大人の常識です。

しかしその常識をなかなか受け入れられずに、いくつになっても夢をあきらめきれない人がいるのも事実です。

泣く泣く夢をあきらめざるを得ない人たちを励ますポイントは、新たな〈未来〉を語ることです。

いまの夢をあきらめても、新たな夢を描けばいい。人間、いくつになっても夢に向かって進めばいいのです。

小学生の頃からの親友なら、彼女の性格や得手《えて》不得手《ふえて》など熟知しているはずです。向き不向きも考慮して、新たな道を具体的にアドバイスできたら完璧です。

常に前向きで、ポジティブな言葉が励ましの声になるのです。

第9話

「自分で人生のストーリーをつくれ！」

予備校講師のE男さんは、この道30年の大ベテランです。毎年必ず、受験直前の最後の授業で生徒たちに〈贈る言葉〉があります。

講師のオレがこんなこと言っちゃダメなんだが……ここだけの話にしてくれ。

いいか、長い人生で、大学に受かった、落ちた、そんなことは大したことじゃない。

東大に受かってもつまらん人生を送る奴もいるし、三流大学にしか入れなくても、天下を取る奴もいる。

要は、人生は長いってことだ。

もちろん第一志望に受かったら、めでたしめでたし。でもそこがゴールじゃない。ようやくストーリーが始まったってことだ。

もし落ちたとしても、それで終わりじゃない。そんなことで人生が決まってたまるか！

落ちたら落ちたで、別のストーリーをつくればいい。自分が主役のストーリーをつくればいい。

オレはお前たちの3倍生きてきて、はっきり言える。人生は、ドラマだぞ。そして一番言いたいことは――

自分で人生のストーリーをつくれ！　健闘を祈る！

熱血先生の形容がぴったり！　名物講師E男さんからの〈贈る言葉〉です。

「おぎゃあ」と生まれてこの世に生を受けた以上、どんな人間だろうと無限の可能性を秘めています。

言い方を変えれば、誰だってこの世の中を変えられる！　そんなドラマチックな人生を送れるということです。

ドラマの主役は本人です。そしてドラマをつくるのも本人です。

壮大なドラマが、大学の合否だけで決まっていいはずがありません。いや、決まるはずがありません。

E男さんは、こうも言います。

「オレは受験に失敗して自ら命を絶った人間を何人も見てきた。たかが受験で命をなくしてどうする。オレの使命は、そんな生徒たちをどうしたら救えるか、ということだ」

人生の節目に、こんな先生に出会えた若者たちは幸せです。

人生は必ずやり直しがききます。だから失敗も挫折も、けっして恐れることはないのです。

第10話

「富める者も貧しき者も、100年経てば、みんな骨になる」

予備校の名物講師E男さんは、子どもの頃から〈本の虫〉でした。ジャンルを問わず、たくさんの本を読みあさりました。

高校時代は日本を代表する哲学者・西田幾《にしだき》多郎《たろう》に傾倒し、〈生と死〉のさまざまな疑問に独り悩むこともありました。

救われたのは、ユニークな国語の先生の存在でした。いつもE男さんの素朴な質問に、ていねいな回答で励ましてくれました。

「先生、西田幾多郎は『死の問題を解決するというのが人生の一大事である』と言っています。これって、はたして解決できる問題なんでしょうか」

「解決できると思えば解決できるし、できないと思えばできない、そういう問題だね」

「つまり……?」

「個々人で納得できる答えが出せるか出せないか、ってことだね。間違いなく一つ言えるのは、すべての人間に、死は必ず訪れるってことだ」

「なんか空しいですね」

「それが〈無常〉ということ。世の中のすべてのものは、儚《はかな》くて不滅のものは存在しないということだ。**富める者も貧しき者も、100年経てば、みんな骨になる（笑）**」

たとえつらく苦しいことがあっても、この

フレーズを思い出すだけで、気持ちはずいぶんラクになるのではないでしょうか。

もう顔も見たくない！　そんな大きらいな連中はすべて、もちろん自分も、100年経ったらこの世に存在しません。

目の前でイヤミばかり言っている上司のガイコツ姿を想像するだけで、ちょっぴり愉快になってきませんか。

ただしここで注意したいのは、このフレーズをけっしてネガティブに受け止めないでほしいということです。

常にプラス思考で、しょせん限りある人生なら、いまを大切に、明るく楽しく前向きに生きていこう――そう考えるだけで、自《おの》ずと結果も良い方向につながるものです。

哲学だからといって難しく考える必要はありません。ものの捉《とら》え方や考え方次第で、人生は変わります。哲学は、とてもシンプルで大切なことを教えてくれるのです。

多感な時期に哲学に触れたE男さんは、その後、予備校講師という職業を選びました。受験一辺倒《いっぺんとう》ではないE男さんのいまの教え方に、高校時代の読書体験が生かされていることは言うまでもありません。

第11話

「メシがうまい！　よく眠れる！」

「悟り」とは、辞書で調べると、「仏教において、心の迷いを拭《ぬぐ》い去って真理を会得《えとく》すること」とありました。

修行によって「悟りを開く」と、目に見えるさまざまなものの本質を見きわめることができるようになるのだそうです。

といっても、具体的にどういう状態になるのかよくわかりません。

そこで、悟りの境地に達した高僧に、ズバリ聞いてみました。

「人間、悟りを開くと、日々の生活はどう変わるんですか？」

それまで瞑想《めいそう》していた高僧は、カッと目を見開いて、こう答えました。

「メシがうまい！　よく眠れる！」

「は？　それが……悟り？　悟りの境地なのですか？」

あまりにシンプルな回答には驚きしかありません。

（う～ん、シンプル過ぎる。でも、きっと奥深い意味があるのだろう）

高僧の簡潔な、そして（おそらく）崇高な答えには、どうやら一人ひとり、自分なりの解釈をくだすしかないようです。

悩み多き人生。悟りを開けば、悩みから解放されると、誰しもそう信じています。そうです。信じる者は救われます。

では、その人間の悩みとは？

悩みとは、思いわずらうこと。苦しむことです。

その原因は、煩悩です。煩悩とは、欲望や怒り、嫉妬など、その数は１０８あるといわれます。

たしかに欲がなくなれば、他人をうらやむことも、怒る気持ちもなくなって、悩みは消えてしまうでしょう。

といっても、すべての欲をなくすなんて、まず不可能ですよね。

となると――どんなに悩んでも悩んでも、悩み尽きることなどありえないということです。悩むこと自体、体力・気力を消耗するだけです。

悟りの境地が、毎度の食事をおいしいと感じ、しっかり睡眠がとれることだと考えるなら、健康な日々を送れることが、最大の人間の幸福である、ということになります。

人生、シンプルな思考が〈幸せへの近道〉である。とりあえず、そう考えておきましょう。

第12話

「僕以上に君のことを理解できる人間はいないと思う」

最近とても興味深く読んだ本が『君の名はダニエル』(ダヴィド・フェンキノス著/澤田理恵訳/アストラハウス)です。

タイトルにあるダニエルとは、ハリー・ポッター役で国際スターとなったダニエル・ラドクリフのこと。1999年、何百人もの少年たちがハリー役のオーディションを受け、最終的にダニエルともう一人、二人の候補に絞られました。この本は、選ばれなかった方の少年の物語です。

彼の名はマーティン。年齢はダニエルと同じ11歳、風貌もダニエルそっくりでした。なぜマーティンではなくダニエルが選ばれたのか? 当時のキャスティング担当者は「ちょっとした余分の何か」、つまり直観の問題だったと振り返ります。人が人を選ぶ理由なんて、大なり小なり似通ったものかもしれません。だとしても……とても残酷な話です。

少年は必死に人生初の挫折と決別しようとしますが、映画は世界的な大ヒットとなり、世間が忘れさせてくれません。あらゆるメディアにハリー・ポッター情報があふれ、少年はテレビも雑誌も見られなくなり……のちに成人してから「自分の人生は失敗だった」と振り返るのでした。

人は言います。〈二番目〉だったなんてスゴイじゃないか。でも本人はいつも思っていました。〈二番目〉ほど苦しくみじめなことはないのだ、と……。

20年後、二人は初めて顔を合わせました。そのとき、マーティンはダニエルから思わぬ言葉をかけられるのです。

「僕以上に君のことを理解できる人間はいないと思う」

「……」

「僕は信じられないほど素晴らしい経験をした。だけどそれは、その他のすべてを犠牲にして成り立っていたことなんだ。普通の人生は終わったことで、もう二度と手に入らないってことはわかってた」

「……」

「君のことがうらやましくなったことがあるんだ。（もし僕が選ばれていなかったら）僕の人生はもっとましになっていたはずだって考えた」（実際にダニエルは、長年アルコール依存症に悩まされたといいます）

二人の将来を〈光と影〉に二分した大人たちの判断は、実は片方だけでなく両方の少年の人生に、誰も想像できなかった苦しみを強いてきたのでした。

そして驚くのは、マーティンを立ち直らせたのが皮肉にもダニエル本人だったこと。顔を見るのもイヤだったライバルが一番の理解者だった――ひょっとしたら、あなたの身の周りにも起きることかもしれませんよ。

第13話

「大きいばあちゃん、いっぱい生きたね」

先日、F子さん（71）の母親が亡くなりました。101歳の大往生でした。

10年前に夫を見送ったあと、母親はF子さん夫婦と同居していて、亡くなる前日も一緒に夕食をとりました。特に変わった様子はなく、早めに床につき、そのまま帰らぬ人となりました。

葬儀は家族葬で営まれました。

F子さん夫婦と、亡くなった母親にとっては孫にあたる夫婦が二組、それに8歳から3歳まで四人のひ孫が参列しました。

最後のお別れでは、参列した全員で、棺に納められた遺体を百合や菊などたくさんの花で飾りました。

顔はきれいに薄化粧がほどこされ、紅もさされていましたが、それでも深いシワと大きなシミが101年の年輪を刻んでいます。

じっとその顔をのぞきこんでいた3歳の女の子が、突然、大きな声で叫びました。

「大きいばあちゃん、いっぱい生きたね」

その声に、周りからは思わず笑い声が起きました。

ひ孫ちゃんの無邪気なひと声が、しんみりとした悲しみの場にあたたかな風を吹き込みました。

生きるものにはすべて死が訪れる――それが自然の摂理《せつり》です。

仏教界の言葉（仏語）では、現世を去って仏の浄土に生まれることを〈往生〉といいます。

遺族にとっては、たとえいくつで亡くなっても、大切な人を失った気持ちが和らぐことはないでしょう。〈大往生〉とはいえ、家族との永遠の別れのつらさ、悲しみが薄らぐことはありません。

しかし今回、その悲しみの場で起きた笑いを、誰一人として不謹慎に感じた人はいませんでした。その声が、大人には思いつきもしない、3歳の子の、素直で純粋な気持ちを正直に表した言葉だったからです。

「いっぱい生きたね」

この言葉は、天寿をまっとうしたひいおばあちゃんも、天上で笑顔とともに受け止めてくれているに違いありません。

第14話

「Art is long, life is short.」

２０２３年３月28日、国際的に活躍した音楽家・坂本龍一さんが亡くなりました。71歳でした。まだ早すぎる〈死〉に、世界中のファンが悲しみにくれました。

坂本さんは１９７８年に『ＹＭＯ』を結成し、シンセサイザーを駆使したテクノポップで国内外から脚光を浴びました。その後、俳優としても出演した大島渚監督『戦場のメリークリスマス』（１９８３）で初めて映画音楽を担当。さらにベルナルド・ベルトルッチ監督の『ラストエンペラー』（１９８７）では、日本人初のアカデミー作曲賞に輝きました。

世界のサカモトの〈死〉は、同世代の私にとっても大きなショックでした。少しでも彼の来《き》し方に触れようと、自伝『音楽は自由にする』（新潮社）を読み返しました。そこであらためて気づいたのは、〈生と死〉についての記述の多さでした。

彼は若くして３人の友人を失っています。それぞれサックス奏者、ジャズ評論家、マネージャーという、同じ志に燃える仲間たちでした。

時に激しくぶつかり合いながらも、ともに理想の音楽を探求してきた友を、突然に30歳前後で亡くしたことは、彼のその後の生き方に大きな影響を与えました。

〈生と死〉は表裏一体です。死があるから生が輝く。生あるものは必ず死を迎える。だから人は、一日一日を大切に生きなければならないのです。

坂本さんは、若き友の〈死〉をこう書いています。

「何年もの間、毎日一緒に過ごしてきたのに、彼が本当はどういう人間だったかということを、ぼくは知らなかった。その、人間と人間の越えられない溝の深さに、打ちのめされました」

その〈生と死〉の儚さを克服するために、当然ながらいっそう深く、彼は音楽にのめり込んでいきました。

理想の音楽とは？　彼の言葉です。

「100年後にも聴かれている音楽を創ること。自分を漱石と比較する気はないけれど、漱石が死んだ年をとっくに過ぎてしまったことに忸怩《じくじ》たる思いがある」

いまも彼の公式サイトには〈好きな言葉〉として、このフレーズが紹介されています。

「**Art is long , life is short.（芸術は長く、人生は短し）**」

今宵は『メリー・クリスマス ミスターローレンス』を聴いて、たっぷり感傷に浸ってください。坂本さんを偲ぶために、というより、皆さんそれぞれの〈これから〉を思い描くために……。きっとそれが、坂本さんが一番望んでいた〈坂本音楽〉の聴き方だと思うのです。

第15話

「お前ねぇ、思い切ってさぁ、跳べよ！　ジャンプしろよ！」

G君の職場の後輩H君は、どんなことをするにも念入りな準備をしてから取りかかるタイプです。その慎重な性格は長所でもあり、短所でもあります。

周りからは「石橋をたたいても渡らない」と評され、実際にこれまでも多くのチャンスを逃してきました。

入社以来、彼をよく知るG君は、そんなH君が歯がゆくて仕方ありません。

（考えるだけじゃなく、行動に移しさえすれば結果を出せるのに……）

今夜こそ一杯やりながら、はっきり言ってやりたい、そう思っています。しかし、あまりキツイ言い方では委縮するのが目に見えています。真面目な後輩に、けっして大げさではなく、軽〜い言い回しでアドバイスしよう——そこで、G君は考えました。

深刻に受け止めないように、精いっぱい愛情を込めたワードをチョイスしました。

「お前ねぇ、思い切ってさぁ、跳べよ！　ジャンプしろよ！　4回転なんかしなくたっていいから」

最初はきょとんとしていたH君。次第に笑みが広がり、最後は大きくうなずいてくれました。

とにかくわかりやすく、ユーモアあふれる言い回しにしたい――そんなときは、何かにたとえるのが効果的です。

（いまのままじゃダメだぞ。思い切って一歩踏み出せ。そう、ジャンプしろよ。高度なテクニックなんか必要ないからさ）

一段と説得力を増すためには〈比喩《ひゆ》〉がバツグンの効果を発揮します。特にスポーツの世界でたとえるのは説得力があります。

ほかにもいろいろ考えてみました。

「いい当たりじゃなくても、それヒットだってば」

「ラッキーパンチでも相手が倒れたら、お前KO勝ちだよ」

こうしたフレーズを日頃からストックしておいて、いざというとき、さりげなく口に出せるようになるのが理想です。

どんなに気むずかしい相手でも、思わずニヤリとしてくれること請け合いです。

第16話

「死ぬ、死ぬって騒いでるけど、誰でも一度は死ぬんだからアセるなよ」

大学のサークル仲間I君は、青春の悩みの真っただ中にいます。

恋に破れ、希望を失い、将来を悲観して……、愛読書はゲーテの『若きウェルテルの悩み』です。主人公のウェルテルは、婚約者がいるシャルロッテに恋をします。結局、恋はかなわず、絶望したウェルテルは最後にピストル自殺を選びます。

「知ってる？　この小説、ゲーテの実体験なんだぜ」

こう話すI君は、いつも自殺願望を口にします。仲間たちへの〈甘え〉とわかってはいても、誰もいい気持ちはしません。

そこで頼りになるのが、先輩のJ君です。

いかつい顔に無精《ぶしょう》ひげ。見るからに無骨《ぶこつ》で、繊細さなどまったく持ち合わせていません。

彼はI君を前に、きっぱりと言い放ちました。

「お前さ、若いうちに悩むのが美しいとでも思ってんの？　それが勘違いってやつなの。**死ぬ、死ぬって騒いでるけど、誰でも一度は死ぬんだからアセるなよ**」

相手によっては、ストレートな物言いの方が効果的なことがあります。

この強烈な物言いに、当のI君はぼうぜんとしたまま言葉はありませんでした。

一方、周りは誰もがスカッとした表情を見せ、心の中でJ先輩に大きな拍手を送っていました。

生きとし生けるもの、必ず死が訪れます。どうせ死ぬなら、精いっぱい生きた方がいいに決まっています。

J先輩はさらに、こう続けました。

「お前、知らないだろ。小説では、主人公は自殺してジ・エンドだけどさ、自分の経験を書いたゲーテ本人は、この小説を書き上げたことで自殺願望から抜け出すことができたんだぞ」

人は一つの大仕事をなしとげたあと、その充実感で新たな希望を抱いて生きられるものなのです。

「死にたい」なんて口にする人がいたら「いつ死ぬの？」と聞いてみて、すかさず「いまじゃないでしょ」なんて言葉をかけたらどうでしょう。

あ、このときのポイントは、目いっぱい明るく声をかけることですぞ。

第17話

「いいじゃん。何でも神様のせいにできるじゃん」

ことし三十路を迎えたK男さんは無宗教です。とはいえ、お正月には近くの神社にお参りに行き、お盆の行事にも参加します。クリスマスは、妻と2歳の息子と祝う一大イベントです。

神仏の存在について深く考えたことはありませんが、ことあるごとに（神様、お願い）と心の中で手を合わせています。

大きなことでいえば、高校や大学の受験、就職試験も神に祈りました。でもすべて第一志望の夢はかないませんでした。

小さいことも日頃、しょっちゅう手を合わせます。宝くじや商店街の福引、最近始めたゴルフのパット、ひいきのプロ野球選手の打席でも（ホームランを打ってくれ！）と神頼みをしています。でも、なかなか願いはかないません。

（オレは神から見放されているのか？）

失敗を恐れると、新たな挑戦にも二の足を踏んでしまいます。

友人のL君に話すと、あっけらかんと一言返ってきました。

「いいじゃん。何でも神様のせいにできるじゃん（笑）」

失敗したら神様が責任をとってくれる――そう考えただけで、K男さんは心が軽くなりました。

そうなると現金なもの。（これからはなにごとも積極的に攻めていくぞ！）。神様に、そう誓いました。


人は失敗したとき、その原因について深刻に考えがちです。

（あのとき、ああすれば良かった）と、どんなに反省しても結果は変わりません。むしろ（あのときは、ああするしかなかった）と考える方が、ダメージが小さいものです。

かといって、他人のせいにするのもオススメできません。

（あいつのせいで、何もかも台無しだ）

自分の努力不足を棚に上げて他人に責任を転嫁《てんか》しても、結果が変わらないどころか、人間関係が悪くなるばかりです。

そんなとき、すべて神様のせいにしたらどうでしょう。

大丈夫！　神様は人間を超えた存在です。とにかく器が大きい。チョー寛容です。そんなちっぽけなことで、あなたを見捨てたりはしませんから！

あ、運が悪いと嘆くあなた、これだけは言わせてください。運がいい人とは、運を逃がさない、つまりチャンスを逃さない人のことをいうのです。

第18話

「いま、どん底？　だったら……」

M君は、10年ぶりに再会した高校時代の友人N君と一献かたむけました。

互いに近況を語るうちに、N君の口からは出るわ、出るわ、現在の生活への不平不満のオンパレードです。

まったく利害関係がなく、希望に燃えた青春時代をよく知る友人だからこそ、ついつい本音が出てしまうのでしょう。

詳しく聞いてみると、大学受験に失敗したあと、いくつか職を得たものの長続きせず、転職を繰り返すこと10年間に7回。恋愛も一度として成就《じょうじゅ》したことがなく、おまけにいまは家族の間で深刻なモメごとを抱えているのだとか……。

「オレの人生、最悪だ！　もう、どん底！」

何をやっても上手くいかない、と嘆いている昔の友人に、M君は思わず、こうツッコミを入れました。

「いま、どん底？　だったら、あと上がるだけじゃん」

これにはN君も苦笑いするしかありませんでした。

N君は誰にも話せない悩みを抱えて、苦し

い毎日を送っていたのでしょう。久しぶりに気のおけない友人と再会して、お酒の勢いも手伝ってついつい本音をぶつけてしまったようです。

いまN君が甘えられるのは自分しかいない――そのことに気づいたM君は、精いっぱい明るくふるまいました。

深刻ぶらずに、軽い口調で一言。そこがポイントです。相手の言葉を受けて、ユーモアも交えて、さらっと励ましたのです。

さらにM君は、こんな言葉を付け加えました。

「オレもおんなじだよ。オレだって崖の途中で岩にぶら下がってもがいてる。まだどん底じゃないけどね（笑）」

10年のブランクはあっという間に埋まり、この夜のN君は（お腹の底から笑うなんて何年ぶりだろう？）――何度もそう実感したに違いありません。

しょげ返っている友人を励ますコツ。それは、けっして自分は暗くならず、常に明るさを忘れないことです。

第19話

「若者たちよ、いまを生きろ」

何度も観たのに、ふともう一度、観たいなと思う映画があります。1989年のアメリカ映画『いまを生きる』もその一本です。

全寮制の名門校に赴任してきた型破りな英語教師（ロビン・ウィリアムズ）が、思春期の生徒たちに〈生きる意味〉を伝えるヒューマンタッチの青春映画です。

彼は最初の授業で、校内に飾ってある卒業生の写真をじっくり観るように促します。セピア色の写真に写る顔は、どれも若く、輝いています。そして生徒たちに言うのです。

「君らにそっくりだ。君らのように大きな夢を抱き、瞳は希望に輝く。耳をすませば、ささやく声が聞こえる。**『いまを生きろ。若者たちよ、素晴らしい人生をつかむのだ』**」

彼の授業は常に痛快です。生徒たちに教科書を一冊まるごと破らせ、教室を飛び出し、中庭を歩きながら語ります。

「**君らの歩き方を見つけろ。立派でも愚かでもかまわん。人目を気にせず、自由に歩け。流れに逆らえ**」

伝統校で何より優先されるのは〈規律〉を重んじることです。ことあるごとに〈規律〉にしばられる中で、生徒たちは時に抗《あらが》いなががら、次第に自己に目覚めていきます。

　この教師は、学校のＯＢでもありました。在学中には「死せる詩人の会」と称して、校外の洞窟に夜な夜な集まっては、思い思いに詩の朗読をしていました。このことを知った生徒たちも同じ活動を始めます。

　恋に胸を焦がし、芝居の世界に生きがいを求め、禁止されているラジオ作りに熱中し……彼らはさまざまな青春を生きていました。

　そんなとき、一つの〈事件〉が起きます。〈事件〉の原因を、学校側はその教師の誤った指導にあると結論づけます。そして生徒たちには、〈規律〉に照らして放校処分をちらつかせるのでした。

　ラストシーンは感涙必至です。責任をとって学校を去る教師を、生徒たちは無言の行動をとって感謝と敬意を表しました。

　その伏線が、映画の中盤にあります。教師は授業で、生徒たちを教壇の上に立たせてこう言うのです。


「なぜそこに立つのか？　ものごとを常に異なる側面から見つめるためだよ」


　後年、俳優ロビン・ウィリアムズが自ら命を絶ったとき、『いまを生きる』のタイトルがとても空しく響きました。

　でもあらためて観て気づきました。映画の中の彼は、このとき間違いなく、懸命に〈いま〉を生きていました。

第2章　恋愛

第20話

「お前、死ぬまでに100人は恋するよ。死ぬ間際、その100人思い出せる?」

大学のサークル仲間のA君は、大学入学まで恋愛経験はゼロ。中学・高校と男子校だったこともあり、異性に対する免疫がまったくありません。

極端に異性を意識するため、男女混合のサークル内でちょっとでも女性から親切にされると、すぐに恋心を抱いてしまう純情100%の無垢《むく》な男性でした。

女性に対する本気度も常に100%。なにごとにも生真面目なA君は、小細工など一切なしで直球勝負。思い切りよく自分の気持ちをストレートに告白します。

そして……相手から返ってくる言葉はいつも「ごめんなさい」。玉砕でした。

そんな彼が何回目かの失恋をしたとき、しょげている彼に強い口調で言い放った、ある先輩の言葉が忘れられません。

「お前さ、はっきり言って、一年中恋してる恋愛体質じゃん。**そのペースでいったら、死ぬまでに100人は恋するよ。お前、死ぬ間際、その100人全部、思い出せる?**」

この言葉をぶつけられたとき、それまで陰っていた彼の表情に、ほんのわずかですが、笑みがこぼれた気がしました。

A君が〝恋愛体質〟と指摘されたのは、次

から次へと相手を好きになる（なれる）ところでした。

一度は本気で好きになっても、フラれたら別に好きな相手が現れる。ある意味、恋愛におけるプラス思考とも言えるでしょう。

究極のプラス思考とは、都合の悪いことは「忘れる」ことです。失恋に効く薬も「忘れる」こと。「忘れる」努力をすることです。

失恋はいつの日か必ず思い出になります。

私の周りで失恋の経験のない人なんて誰一人としていません。みんな「あのときはつらかった」と話しますが、いまでは懐かしそうに笑顔で振り返っています。

件《くだん》の先輩はA君にこうも言いました。

「お前を見てると、つくづく思うよ。人間の忘れるチカラって、本当にスゴイなって」

失恋だけではありません。そのときは思い出したくもないイヤなことは「忘れる」に限ります。「忘れる」ことが一番の特効薬と考えましょう。

人間は「記憶力」に負けず劣らず、「忘却力」も素晴らしいのです。

第21話

「ボクは夢をあきらめることにした。君がボクの夢になったから」

B君は一流大学を卒業し、一流商社で働く将来有望なサラリーマンです。小さい頃から世界を飛び回る仕事に憧れ、英語力を磨いてきました。

フィアンセのC子さんは産婦人科医。小さい頃からの夢は、開発途上国で医師として働くことでした。このほど念願かなって、医療NGO（非政府組織）からケニアに派遣されることが決まりました。期間は3年です。

ともに30代半ばということで、両親はじめ周りからは結婚についていてさまざまな意見が出されました。

「3年間も遠く離れて暮らすなんて……」

破談を口にする親せきもいました。

さらに追い打ちをかけたのが、B君の人事異動です。初の海外赴任先が英語圏のロンドンという、願ってもない内示でした。

二人は悩みに悩みました。毎晩、遅くまで話し合いました。でも結論は出ません。行き着く先は、仕事か、結婚か、究極の二択でした。そしてとうとう、B君がきっぱりと宣言したのです。

「**ボクは夢をあきらめることにした。君がボクの夢になったから**」

この言葉に、C子さんは声を上げて彼の胸に飛び込みました。頬を伝う涙はいつまでも止まりませんでした。

実は、Ｂ君の決断に大きな影響を与えた人物がいました。地元の中規模スーパーで働く叔母です。叔母の夫は小説家。といっても出版した本は2冊しかありません。とても夫の収入だけでは生計は立てられず、糊口《ここう》をしのぐために、叔母は長年にわたってパート勤めを続けてきました。

その叔母の一言が、Ｂ君の背中を押しました。

「人生最高の喜びって、ずっと大切な人のそばにいることだと思うわ」

結婚とは、相手に夢を託すことではない。相手と一緒に夢をかなえることだ——これが最終的にＢ君が行き着いた結論でした。

後日、会社に退職届けを提出したＢ君は、とてもさっぱりとした気分でした。

（夢は少しずつかたちを変えていくもの。世界を飛び回る夢に果てはない。何より一人で夢を追いかけるより、二人で追いかける夢の方がずっと楽しいし、ずっと充実感を味わえる）

ちなみにケニアの公用語は、英語とスワヒリ語。二人はいまスワヒリ語の勉強を始めました。

第22話

「私、あなただったら、一生、介護できますから！」

D男さんは、半年前に60歳で広告会社を定年退職しました。ずっと独り身なので、生活面で気がねする人はいません。再雇用制度は利用せず、のんびりセカンドライフを楽しむつもりでした。

趣味は合唱です。混声合唱団では団長を務め、魅惑的なバリトンと日頃のリーダーシップに、多くの仲間が彼を慕っています。

独身のE子さんもその一人です。切れ長の目に鼻筋が通った美人で、38歳という実年齢よりかなり若く見えます。

控えめな性格に男性ファンも多い彼女が、突然、D男さんに愛を告白しました。

驚いたのはD男さんです。ずんぐりむっくりの体型がコンプレックスで、これまでモテ期など一度もありませんでした。しかも彼女は22歳も年下です。

「君にはもっと素敵な男性が現れるから」

何度も断りました。それでも彼女はあきらめません。連日の猛アタックです。

最後はこの言葉が決め手になりました。

「私、あなただったら、一生、介護できますから！」

22歳の年齢差を気にするD男さんに、この逆プロポーズの言葉が刺さりました。ようやくD男さんは彼女の思いを受け入れ、残りの人生を二人で歩んでいく決心をしたのです。

この大きな年齢差については、平均寿命、健康寿命ともに女性が上回る現実を踏まえ、E子さんの周りの誰もが反対しました。

D男さん自身、彼女からの告白をすぐに受け入れられなかった一番の理由が、この年齢差でした。

（自分は仕事をリタイアしたばかり。退職金などわずかな蓄えはあるが、彼女の老後まで考えた場合、本当に自分が彼女の一生の面倒を見られるのだろうか？）

そう考えて、ずっと彼女の気持ちに応えられませんでした。

しかし彼女の覚悟が、それまでかたくなだったD男さんの心を動かしました。ここ一番で人の心を動かしたのは、〈覚悟を決めた言葉〉でした。

D男さんは彼女と二つの約束をしました。健康に十分注意をすることと、広告デザイナーのスキルを生かして、収入の道を探ることです。

いま二人は幸せの絶頂にいます。

「1時間でも2時間でも待ってるよ。だって君は……」

F男さんとG子さんは同い年の26歳。交際をスタートして、まもなく2年になります。互いに仕事が忙しく、なかなか時間の都合が合いません。

きょうは久しぶりのデートです。気がはやって、待ち合わせ場所に30分も早く到着したF男さん。いま彼女からのメールに気づきました。

「ゴメン、ちょっと遅れる」

すぐに返信しました。

「了解。仕事?」

「うん、部長に急に頼まれて」

「いいよ。待ってる」

「けっこう時間かかりそう」

「どのくらい?」

「30分はかかる、1時間かも?」

「いいよ。待ってる。気にしないで」

それから30分。彼女からのメールです。

「まだ終わりそうもない。あと30分。それ以上かかるかも?」

「いいよ。待ってる」

「ゴメン。そっち着くまで、まだ1時間以上かかるかも?」

さすがに少し気落ちしたF男さんでしたが、ちょっと考えて、こんなメールを打ちました。

「わかった。1時間でも2時間でも待ってるよ。だって君は、26年間ずっと待ち続けた人

だから」

このメールへの返信は、おびただしい♡で埋めつくされたに違いありません。

なぜこの文面に心を動かされるのか？

駆けつけたいのに駆けつけられない、いまのG子さんの気持ちを、F男さんが十分に理解していることが伝わってくるからです。

このメールを読んだG子さん、感激のあまり、笑顔からぐしゃぐしゃの涙顔に変わっているんじゃないでしょうか。

自分が待つことより、相手を待たせることの方がどれだけつらいか、F男さんは十分にわかっていました。

相手の心に響く言葉は、相手の気持ちへの深い理解があって初めて生まれます。

F男さんのメールには、彼女の「待たせて申し訳ない」「待たせるのがつらい」「自分だって早く会いたい」という思いを十分に理解した上での、最上級の〈優しさ〉が込められていました。

常に相手の立場で考えられる人だけが、本当の〈優しさ〉を知っている、と言えるのです。

第24話

「あしたから3日間、○○休暇をあげる。有効に使ってね」

某中堅企業で部長を務めるH子さん（53）は、公私ともに〈できる女性〉です。人望が厚く、将来は会社設立以来、初の女性社長誕生か、ともウワサされています。

そのハンサムウーマンぶりを発揮した、ある日の若手女性社員とのやりとりです。


「ねえあなた、最近、仕事、うわの空よね」

「え、そんなこと……」

「あるわよ」

「すみません。本当に、すみません」

「原因は、シ・ツ・レ・ン？」

「え、わかるんですか？」

「わかるわよ。私、何年オンナやってると思ってんの？ 半世紀以上よ（笑）」

「すみません。でも……失恋って、こんなにつらいものとは思いませんでした。もう、なんにも手につかなくって……」

「いいわ。じゃあ、**あしたから三日間、失恋休暇をあげる。有効に使ってね**」

「え、それ、何ですか？」


部長から提示されたのは、女性社員が初めて耳にする〈休暇〉でした。

中身は、失恋のつらさを癒やす特別休暇。いかにも〈男前〉の部長らしいプレゼントでした。

このあとH子部長は、有効な休暇の過ごし方を伝授してくれました。

「まる二日間は思いっきり泣きなさい。部屋に閉じこもって、好きな音楽をかけっぱなしにして『自分は世界一、不幸な女』と声を上げて、とにかく泣くの。このとき大事なことは、彼との思い出をすべて捨てること。メールも写真も、すべて消すのよ。

三日目は、目いっぱいオシャレをして街に出るの。好きなもの食べて、欲しいもの買って、これまで生きてきて一番ぜいたくな一日を過ごしなさい。

そして四日目には元気な顔を見せてちょうだい。もう優しい言葉なんかかけないから、がむしゃらに仕事してよね。いい？　オンナはつらいんだから、へこたれちゃダメよ」

おそらく、おそらくですが、この女性部長さん、ご自分のつら〜い経験を生かしての格別な配慮だったのではないでしょうか。

ちなみに、この失恋休暇制度を実際に福利厚生として導入している、ユニークな企業もあるそうですよ。

第25話

「元カレへの最大のリベンジは、あなたが最高に○○になることよ」

　同じ会社で働くI子さんとJ子さんは、ともに独身の28歳。仕事や恋愛、家族のことなど、互いに何でも相談しあえる関係です。

　I子さんは、半年間付き合っていた男性と別れたばかりで、きょうも口から出るのは元カレのことばかり。次から次へと、元カレへの恨みの言葉が止まりません。


「もう、考えれば考えるほど腹が立つわ」

「どういうこと？」

「だって結局、二股だったってことでしょ」

「気づかなかったの？」

「そんな器用なオトコだとは思わなかった。いまね、毎晩、カレに呪文《じゅもん》を唱《とな》えてるの」

「何、それ？」

「呪《のろ》いの言葉よ。あんな奴、不幸になれ、不幸になれ、って」

「そういうの、やめた方がいいわ」

「どうして？」

「マイナスの言葉ばっかりつぶやいてると、あなた自身が不幸のオーラに包まれちゃう。それじゃダメなの。あなたはとにかく幸せにならなきゃダメ！」

「……」

「いつまでもネチネチ、元カレの悪口を言ってるってことは、あなた自身、まだ元カレに未練があるってことでしょ」

「そんなことないわよ」

「あるわよ」

「……」

「いい？　**元カレへの最大のリベンジは、あなたが最高に幸せになることよ**」

たしかに元カレを話題にすること自体、いまも多少なりとも心残りがあることにほかなりません。

そんな未練を断つには、どんな言葉をかければいいのか？　的確なアドバイスには常に客観的な視点と冷静な判断が必要です。

J子さんは続けて、こんなことも話しました。

「この際、きれいさっぱりアイツのことは忘れて、自分磨きに力を注いだ方がいいわ。

そしていつかどこかで再会するようなことがあったら、アイツが別れたことを後悔するような〈いいオンナ〉になっていようよ。ねえ〈いいオトコ〉見つけて幸せになっていようよ。それが、元カレへの最大の〈仕返し〉になるんだから……」

夜な夜な呪文を唱えている女性より、いつも明るく前向きで、健康的な女性の方が、絶対にモテますって！

第26話

「長い間、付き合ってくれてありがとう」

K君は有名企業に勤める35歳の独身サラリーマン。一流私大卒で、長身、イケメン、スポーツ万能と、典型的なモテ男です。

これまで交際してきた女性は何人もいますが、端《はな》から結婚願望はなく、独身生活をエンジョイしてきました。

そんなK君に、このほど地方都市への転勤の内示がありました。この機会にそろそろ身を固めたいと決心したものの、身勝手なもので、結婚相手は家庭的で控えめな女性が理想というK君。いざ結婚となると、プロポーズに踏み切れる相手がいません。

いまになって思い出されるのが、以前、3年も付き合いながら、彼の方から一方的に別れを告げたL子さんのことです。

別れ際に、彼女が涙をこらえて気丈《きじょう》に絞り出した、最後の言葉が頭から離れません。

「長い間、付き合ってくれてありがとう」

この一言が、いまもK君の心をつかんで離さない〈キラーフレーズ〉になりました。

この言葉を思い出す度に、彼は心の中で叫んでいます。

（いまからでも遅くない。もう一度、会いたい。できることなら、やり直したい）

〈キラーフレーズ〉とは、文字通り〈殺し文句〉のこと。相手の心に刺さるフレーズのことです。

K君の場合、なぜ刺さったのか考えてみましょう。

一方的に別れを切り出され、普通なら恨みつらみの一言でもぶつけたいときに、彼女が口にした言葉は「ありがとう」。予想もしない〝感謝〟の気持ちが返ってきたからです。

相手の予想を裏切る、思いもよらない言葉は、往々にして〈キラーフレーズ〉となります。

言葉だけではありません。そのときのL子さんの気丈なふるまいが、またK君の心をつかんで離しませんでした。

悲しみをこらえて健気《けなげ》な態度をくずさなかった彼女の姿を思い出し、あらためていま、K君は愛しさを募らせたのです。

え、その後、二人がどうなったかって？

久しぶりの再会を果たし、意を決してプロポーズしたK君に対し、L子さんはていねいにお断りしたそうです。

「あなたのことは、これからもずっと〈思い出〉だけにしておきます」との言葉を添えて……。

第27話

「私だけのヒーローになって!」

M子さんと同棲しているN君は、大きな夢ばかり語る人でした。

「将来は政治家になって国を動かす人間になりたい」。そんな彼のことを野心家と言う人もいれば、単なる夢想家と表現する人もいました。定職はありません。でもアルバイトを数件かけもちして、よく働きました。

感心するのはボランティア活動に熱心なこと。大きな災害があれば、全国どこでも被災地に駆けつけ、1ヵ月も2ヵ月も自宅に戻らないこともありました。児童福祉施設にはタイガーマスクを名乗って、毎年ランドセルを送っているとも聞きました。

M子さんはそんなN君の生き方を尊敬し、一生添い遂げたいと心では決めています。

ただ大いに不満なのは、まったく生活感覚がないことです。収入はすべて慈善活動に注《つ》ぎ込み、生活費はすべて彼女まかせ。これでは結婚なんて考えられません。

きょうもいつもの口ぐせが始まりました。

「オレはみんなのヒーローになる!」

普段の生活に困ることなく、彼女のおかげで好き放題できる――N君にはその自覚がまったくありません。

そんな彼に、M子さんは前々からあたためていた言葉で〈思いの丈〉をぶつけました。

「そんなのいいから、私だけのヒーローになって！」

M子さんが人として心から尊敬する、N君への逆プロポーズの言葉でした。

この思わぬ一言に、N君はひきつった表情のまま、何一つ言葉は出てきません。

その間にも、M子さんの頭の中には、次から次へとN君への思いが言葉となって浮かんできました。

（私だけのタイガーマスクになって！）

（国民を幸せにする前に、まずここにいる一人の女を幸せにして！）

ただ頭の片隅では、（それ以上言ってはいけない）という赤信号が灯っていたのも事実です。もしも彼が私のことを〈甘えられる便利な女〉としか見ていないとしたら……二人が別れる決定的な引き金になってしまうかもしれません。

（でも、それでもいい）。M子さんは心の中でつぶやきました。（それくらいの覚悟で強烈な言葉をぶつけないと、このままズルズルいまの生活をひきずることになってしまう）

――そこまで考えての覚悟の言葉だから彼の心を動かせる、そう信じて……。

第28話

「君だけのヒーローが、みんなのヒーローになるところを見守っていてほしい」

N君は恵まれない幼少期を過ごしました。両親を早くに亡くし、親せきをたらい回し。ランドセルを買ってもらえなかった原体験から、大人になってからは、全国に広がる〈タイガーマスク運動〉に参加するようになりました。

被災地をめぐるボランティア活動にも積極的に取り組み、時間的に自由なアルバイトを選んでは全国を回っています。

将来の夢は国会議員です。

「オレはみんなのヒーローになる！」。自分を鼓舞《こぶ》するために、このフレーズを口ぐせにしています。

感謝してもしきれないのは、同棲している M子さんの存在です。将来の伴侶は彼女しかいない、その気持ちに迷いはありません。

そんな彼女から先日、強烈な言葉を浴びせられました。

「私だけのヒーローになって！」

しばらく言葉が出てきませんでした。顔がひきつっているのは自分でもわかりました。

でも気づいたら、反射的にこう返していました。

「君だけのヒーローが、みんなのヒーローになるところを、ずっと隣で見守っていてほしい」

　ぽろりと飛び出した本音が、結局、プロポーズの言葉になりました。

　N君は普段からM子さんに甘えっぱなし。これまではすべてN君ペースで進んできましたが、今回は初めてN君はM子さんの勢いに圧倒されました。

　彼女の強い口調に、普段は鈍感なN君も、(これって逆プロポーズ？)──そう感じた瞬間、頭をよぎったのは(ダメだ。プロポーズはオレからしなければ……)という思いでした。

　N君としては、小さい頃から漠然と描いていた夢、国を動かせるような人間になりたいという夢をあきらめるつもりはありません。

　そんな自分の隣には、ずっと君にいてもらいたい──この気持ちがそのままプロポーズの言葉になりました。

　ヒーローは一人では生まれません。いつも誰かの支えがあって生まれるのです。

第29話

「二人で取った資格だよ」

O男さん（37）は7年前、勤めていた地元の信用金庫を退職。一念発起して法科大学院に進み、3回目の挑戦で、悲願だった司法試験合格を果たしました。

退職したとき、O男さんはすでに結婚していました。いきなり仕事を辞め、司法試験に挑戦すると宣言したO男さんに、妻のP子さん（35）は戸惑いしかなかったと話します。

「もう、びっくりですよ。あのとき彼はもう30です。司法試験を受けるためには、まず大学院に3年間、通わなきゃいけないんです。それでようやく受験できるんですが……。その間、私のお給料だけで生活していくわけですから、それはもう不安でしたよ。

え、家事ですか？　彼は、何一つ手伝ってなんかくれません。一日中、机に向かってるだけ。食事だって朝昼晩、私が作りました。お昼はお弁当を二つ作って、一つを持って、一つを置いて仕事に出かけるんです。掃除、洗濯も全部、私が休みの日にまとめてやっていました。

でも、優しいんです。たとえば私が遅く帰ってきたとき、私も疲れてるから『夕飯、冷凍のチャーハンしかないわよ』と言っても、『ボク、ちょうどチャーハンが食べたかったんだ』って、ウソでもそう言う人なんです。

今回、司法試験に合格して、一番嬉しかったのは、うーん、彼の言葉ですね。彼はこう言ってくれたんです。

『二人で取った資格だよ』

この一言で、ああ頑張ってきて良かったなって……。はい、そう思いました」

O男さんのP子さんへの感謝の気持ちが、すべてこの一言に凝縮されていました。

言葉には、たった一言で、それまでの苦労を帳消しにするチカラがあります。

多くの犠牲を払い、3回目の挑戦で合格を果たしたO男さん。どれだけ血のにじむような努力があったにせよ、P子さんの協力がなくては達成できないことでした。

チャーハンのエピソードは、日頃のP子さんへの気づかいがうかがえます。自分の言葉を相手がどう受け止めるのか、O男さんの相手の気持ちを慮《おもんぱか》る想像力には脱帽です。

法曹界で働くためには、まだ1年間、司法修習生として学ぶ必要があります。

でも人間として、これだけの細やかな優しさを言葉にできるO男さんなら、きっと素晴らしい法律家になることでしょう。

第30話

「君は、ボクのために生まれてきたんだよ」

Q男さんとR子さんは会社の同僚です。交際をスタートして、まもなく1年。ともに結婚を意識して、近く互いの両親を紹介しあう約束をしていました。

二人の交際は職場でも知れわたり、二人の人柄から周りの誰もが祝福し、あたたかく見守っています。

そんなある日、R子さんを突然の不幸が襲いました。R子さんの両親が乗った車がトラックと衝突し、一瞬のうちに二人とも帰らぬ人となってしまったのです。

一人っ子だったR子さんは、天涯孤独の身になりました。大切な肉親を亡くした喪失感で、それまでの明るく生き生きとした表情は一切見られなくなりました。

深い悲しみにふさぎ込み、人目もはばからず涙にくれる日々が続きました。

「自分も死んだ方がラクになれる。いっそ死んでしまいたい」

そんな言葉さえ口にするようになり、Q男さんにも激しい言葉をぶつけました。

「もう生きる気力なんかない。何のために、私は生まれてきたの?」

Q男さん自身も胸が張り裂けるような思いでしたが、彼女の言葉には何の迷いもなく、こう答えていました。

「何のためにって？　そんなの、決まってるじゃないか。ボクのためだよ。君は、ボクのために生まれてきたんだよ」

この言葉は、強くR子さんの心を打ちました。さらにQ男さんの次の一言で、ハッと我に返ったのです。

「だから、ボクのために生きてほしい」

人は誰のために生きるのでしょうか？

もしも自分一人だけの人生だったら……つらく苦しく、深い悲しみに包まれたとき、何の〈生きがい〉も見つけられず、自ら命を絶つのかもしれません。

人は、愛する人がいるだけで、その人を支え、支えられる気持ちが〈生きがい〉となって、誰か一人だけのために生きられるものです。たとえ離れていても、その人がこの世に生を受けていると知るだけで生きていけるものです。

支えることは支えられること。誰かを必要とし、必要とされるから、人生は素晴らしいのだと思います。

第31話

「いいな。久しぶりに、ときめいちゃうね」

S子さんは小学生と幼稚園児、二人の子育てに追われるアラフォーの専業主婦です。この日は久しぶりに中学時代からの親友、同い年で独身のT子さんとランチです。

T子さんは高校を卒業してから簿記検定にチャレンジした頑張り屋さん。いまは専門知識を生かして派遣社員として働いています。

S子さんが気になっているのは、最近、T子さんから恋愛の話が聞けなくなったこと。以前は時々、お付き合いしている男性の話題で盛り上がったのですが、年齢を重ねるにつれて、恋愛話はタブーになりました。

かといって子育ての話は、S子さんの一方通行になってしまい、互いにちょっぴり気まずさを感じています。

すると、T子さんが意を決したように、こんな話を……。

「実はね、私、真剣に婚活しようと思って。マッチングアプリはちょっと怖くて、古めかしいんだけど結婚相談所に登録したんだ」

とても言いづらそうに話すT子さんに、S子さんはちゅうちょなく、こう言葉をかけました。

「いいな。久しぶりに、ときめいちゃうね」

この上なくポジティブな言葉に、T子さんのテンションも一気に高まりました。

中学時代からの親友とはいえ、片方の結婚を境に二人の間に距離ができたのは仕方がないことです。ましてや、片や子育てに追われる専業主婦、片や専門分野を持つ派遣社員という立場の違いがあれば、さらに距離が広がるのはやむを得ないでしょう。

T子さんが思い切って結婚相談所のことを話そうと決心したとき、T子さんはS子さんのどんな反応を予想し、また期待したでしょうか。

T子さんがもっともイヤだったのは、相手の〈上から目線〉のスタンスでしょう。しかし開口一番「いいな」の一言で、〈上から目線〉は否定されました。

そして「久しぶりに、ときめいちゃうね」と続けたとき、「ときめいちゃう」の語感がT子さんの背中をドーンと押しました。

言外に「青春時代を思い出して、とっても楽しみだね」のニュアンスを感じとって、T子さんはS子さんに話したことを心の底から「よかったな」と感じたのでした。

相手と感情を共有できなければ、本当に相手の気持ちに寄り添える言葉は出てこないのです。

第32話

「次はもっといい人見つけよう」

「突然のご報告ですが、私、このたび離婚しました」

かつて部下だった女性からの電話に、U男さんは驚きました。結婚後はご主人の仕事の都合で惜しまれながら退職。あれから10年。小学生のお子さんが二人います。

〈寝耳に水〉の離婚報告に、U男さんは迷いに迷った末、こんな言葉をかけました。

「**そっか。残念だけど、次はもっといい人見つけよう**」

「え、もう、次ですか？」

意外な元上司の言葉に戸惑いながらも、彼女からは、そんな明るい言葉が返ってきました。

この場合、絶対NGなのは「離婚の理由は？」「もっと早く相談してほしかった」といった過去を振り返る発言です。

いまの彼女の気持ちに寄り添えるのは、さまざまな不安を払拭《ふっしょく》する言葉です。おそらく今後は、彼女の仕事復帰を踏まえて、具体的な相談が持ちかけられることでしょう。

ネガティブな相談には、思い切りポジティブな答えで切り返すのがベストです。けっして深刻ぶることなく、あくまで明るく……。

第3章　仕事

第33話

「ボクは『毎日骨太』が大好きなので、絶対にこの商品をなくさないでください」

２０００年６月、乳製品のトップメーカー『雪印乳業』が、戦後最大の食中毒事件を引き起こしました（発症者約１万５千人）。

さらに２年後、グループ会社の牛肉偽装事件が発覚し、当時トップブランドだった『雪印』の信用・信頼は一気に失墜しました。

その後、『雪印』グループは解体・再編を余儀なくされます。そして再生に向けて、経営者だけでなくグループの従業員たち全員を巻き込んで、『雪印』はいばらの道を歩みました。

その詳細を、ＮＨＫ・ＢＳプレミアム『エラー　失敗の法則　雪印　２つの事件』（２０２３年２月23日再放送）で知りました。

当初、有志７人で立ち上げた「雪印体質を変革する会」は、その決意を全国紙で表明しました。

「企業そのものに人格があるならば、雪印は感謝という心を持っていなかった、といえます」

こうした行動が、引き続き全社を挙げての信頼回復プロジェクトにつながりました。

食中毒の被害者の自宅を一軒一軒お詫《わ》び行脚《あんぎゃ》した、ある従業員のインタビューに心打たれます。

「被害にあった男の子が、勇気をふりしぼって言ってくれたと思うんですが、涙を流しながら『**ボクは【毎日骨太】がすごく大好きで毎日飲んでるので、絶対にこの商品をなくさないでください**』と言ってくれました。その言葉を聞いて、自然と涙がこぼれました。

　それまでは心のどこかで、いつかは事件もそのうち終わるだろう、と他人《ひと》ごとのように考えていたんですが、その言葉によって、頭をガツンと殴られたような感じがしました」

　直《じか》に顔を合わせて、初めて消費者の〈真実の声〉が従業員の心に届きました。

　苦しい思いをさせられた牛乳なんか、もう二度と見たくない、飲みたくない、そう思うのが素直な感情でしょう。にもかかわらず、大好きな商品は絶対になくさないでほしい、そう懇願した男の子の言葉が『雪印』への深い愛着を物語っています。

　それまでの『雪印』は、そうした消費者の気持ちに応えられてはいませんでした。それは取りも直さず、あのとき『雪印』が猛省していた感謝の心の欠落だったと言えます。

　このエピソードを知ってからというもの、スーパーの棚にこの商品を見つけると、こんなことを思います。

　あの男の子ももう父親になっているのだろうか、そしてその子もまた、この牛乳を飲んでいるのだろうか。

第34話

「自分とは自分が持っている器のことだ」

昭和を代表する名優、故・高倉健さんは、生涯205本の映画に出演しました。〈健さん人気〉を不動にしたのは、1960年代、東映の仁侠映画路線でした。我慢に我慢を重ね、最後は単身、非道なヤクザ一家に乗り込んで刀を抜く。そのときの決めゼリフ「死んでもらいます」に、私も含め男性ファンは大いにしびれたものです。

この頃、健さんは月に1本のハイペースで新作に出演。同じパターンの繰り返しには、本人も苛立ちを覚えていたといいます。

そんなとき大きな転機となった映画が、山田洋次監督の『幸福の黄色いハンカチ』(松竹・1977)でした。

この映画で、健さんはそれまでの定番のヤクザではなく、刑期を終えて帰ってくる男、まだ妻は待っていてくれるのか、不安いっぱいの普通の男を演じました。

遺品となった台本には、何とも不思議な書き込みがありました。自分の役ではない、妻役の倍賞千恵子さんのセリフに赤い波線が記されていたのです。

そのセリフとは、『お帰り』。一ヵ所ではありません。いくつも出てくる『お帰り』のすべてに、赤線が引かれていました。

健さんはその理由を、共演した武田鉄矢さんに明かしていました。

「この映画のテーマは『ただいま』なんだ。

玄関で『ただいま』と言うと、奥から『お帰り』って言う、それが〈幸せ〉なんだ」

映画のクライマックスは、その『お帰り』の象徴、おびただしい数の黄色いハンカチがはためくシーンです。そのときの健さんの演技が忘れられない、と山田監督は話します。

「大げさな演技じゃない。ただハンカチを見つめる顔、表情がいいんだ。撮影していて、ボクまで涙が出てきましたよ」

実は、２０６本目の映画も決まっていました。仮タイトルは『風に吹かれて』。

「孤独に生きる老いた猟師が、人のために何ができるか、人生を見つめ直す物語。健さんが心を動かされたテーマは『人生のしまいじたく』です」（日刊スポーツ２０１４・11・20）

健さんの台本には、次のセリフに赤い線が引かれていました。

「**分とは自分が持っている器のことだ。大きければいい訳でも、小さければダメな訳でもない。大事なのは、自分の器がどんなものかを知ることだ**」（脚本　吉田智子・青島武）

このセリフがあったから、健さんは出演を決めたといいます。このセリフこそが、健さん自身が俳優という仕事を通して、生涯追い求めていたものだったのかもしれません。

＊参考　ＮＨＫ『アナザーストーリーズ運命の分岐点』２０２３・４・14放送

第35話

「浅沼君、そういうことだ」

私は局アナとして28年間、さまざまな番組を担当しました。なかでも忘れられない番組の一つが『ドラゴンズ倶楽部』という中日ドラゴンズ応援番組です。(東海地方ローカル放送)

根っからのドラファンなら大喜びの仕事ですが、実は私、子どもの頃から野球にさほど興味はなく、だから知識もなく、本当に苦労しました。

当時の星野仙一監督には「そんな質問には答えん！」と怒鳴られたり、落合博満選手には「もっと勉強しなさい」とたしなめられたり……ピントはずれの質問をして、恥をかいたことは数え切れません。

(この仕事、自分に向いてないいな。もう辞めてしまいたい)

そんな沈んだ気分で、その日もナゴヤ球場で、練習後に星野監督を囲んで取材をしていました。12〜13人の記者・アナウンサーの輪の中で、私は監督から一番離れた位置で談話をメモしていました。そのときです。

一通り取材陣の質問に答えたあと、監督の口から出た言葉は衝撃的でした。

「結局は、一日24時間、野球漬けになってる奴だけが最後まで生き残る。どんな世界でも同じだろ。浅沼君、そういうことだ」

談話の締めに、監督はいきなり私の名前を

呼んだのです。このときの私は、番組を担当してまだ数ヵ月。〈その他大勢〉の取材陣の中の一人で、名前で呼ばれたのは初めてでした。いえ、まずは名前を覚えてもらっていたことに大いに驚きました。

野球に限ったことではなく、どんな仕事も一日24時間、没頭する気概がないと成就しないぞ——そんなエールを、私にだけ贈られた気がしたものです。

人を動かす術《すべ》に長《た》けた、星野監督ならではの一言。現金なもので、この一言で、それまでは気が重かった球場への往復が、翌日から格段に楽しくなったことを覚えています。

これが、心理学でいう「ネームコーリング効果」です。人は自分の名前を呼ばれると、相手から尊重されている、という意識が強く働くと分析されています。

元プロ野球審判の佐々木昌信さんは、思い出に残る選手の名を二人挙げています。

「選手たちは大体、最初の打席で球審にあいさつしてくれるんですが、『佐々木さん、こんにちは』。名前を呼んであいさつしてくれたのは二人だけ。松井秀喜選手と大谷翔平選手でした」（日刊ゲンダイＤＩＧＩＴＡＬ　２０２１・８・９）

どんなときも相手を慮《おもんぱか》る気配り——この二人がメジャーリーグで成功を収めている理由の一つでもあるのではないでしょうか。

第36話

「ちょうど休憩したいなと思っていたところです」

A君は入社間もない新人の新聞記者です。ある弁護士事務所を初めて訪ねたときのこと。その弁護士さん、聞くところによると分単位で予定が詰まっているという、とても忙しい方で、たしかにアポをとるのも一苦労でした。

にもかかわらず、事務所に向かう途中で、A君が運転する車は渋滞に巻き込まれてしまいました。どう急いでも約束の時間に間に合いそうもありません。

やきもきしながら、遅刻する旨、先方に電話を入れました。

「誠に申し訳ありません。15分ほど遅刻してしまいます。お忙しいところ貴重なお時間をとっていただいているのに、本当に申し訳ありません」

この電話に、先方からは予想もしなかった神対応の言葉が返ってきたのです。

「わざわざお電話ありがとうございました。**ちょうど休憩したいなと思っていたところです。**どうぞお気になさらずに、運転には十分注意されて気をつけてお越しください」

この言葉で、A君の焦る気持ちはスーッとラクになりました。

いかがですか？　この弁護士さんの電話の

応対ぶり。聞けば聞くほど、相手の気持ちを汲んだ配慮に満ちあふれています。

電話連絡への感謝の言葉に始まって、最後は安全運転の呼びかけで締めるという気づかいまで、まさに１００点満点のコメントでした。

なかでも注目すべきは〈休憩〉というキーワードです。弁護士さんの卓越した言葉のセンスが、このワードのチョイスに表れています。

A君の（多忙な方の貴重な時間を15分もムダにさせてしまって申し訳ない）と心苦しく思う気持ちを、この〈休憩〉というワードが一気に解消してしまいました。

弁護士さんが〈休憩〉を本当に望んでいたのかどうか定かではありません。しかし、A君のマイナス気分を一瞬のうちにプラスに転換させた〈魔法のワード〉であったことは間違いありません。

また同時に、時間の浪費を〈休憩〉に発想転換することで、弁護士さんご本人の気持ちをセルフコントロールしたという見方もできます。

いざというとき、聞き手だけでなく話し手も同時に、それまでの不安感を瞬時の判断で安堵感に切り換えられる、徹底したプラス思考。ぜひ見習いたいものです。

第37話

「ここで待っていれば会えると思ったから、ボクは、ずっと待っていました」

地方テレビ局に届いた一通の手紙から。

初めてお便りします。近所に住む73歳の主婦です。きょうはぜひテレビで取り上げてほしい若者がいて、ペンを執りました。

近所のスーパーで働く19歳のB君です。知的障がいがあり、カートや買い物カゴの整理を仕事にしています。

実は私、2年前にひざの手術をしてから、杖なしでは歩けません。そんな私をB君は気づかってくれ、入り口で私を見つけるとすぐにカートを押してきて、カゴを乗せてくれます。レジで支払いを終えて帰るときも、さっとカートを片づけてくれ、「ありがとう」と言うと、照れながら笑顔を見せてくれます。

先週のことです。その日私は、月に1回の通院の帰りで、処方された薬をカートのフックに引っかけたまま、家に帰ってきてしまいました。

薬がないことに気づいたのは、夕食を食べ終えてからでした。すぐにスーパーに電話しました。落とし物を預かってくれるサービスカウンターというところにつないでくれました。でもそこに私の薬は届けられていませんでした。薬は透明な袋に入っていて、金目のものではないとすぐにわかります。盗まれるものではないと思うのです。

自宅からスーパーまで、歩いて10分ほどの距離です。薬がないと不安なものです。思い切ってスーパーまで行ってみることにしました。ひょっとしたら私の思い違いで、途中で落としてしまったのかもしれません。

時刻は8時を過ぎていました。暗い中、懐中電灯で道を照らしながら、結局見つからないままスーパーまで歩きました。

そして気づいたのは、入り口にB君の姿があったことです。ずいぶん遅くまで仕事しているんだなあと思って近づくと、驚いたことに笑顔でB君が走り寄ってきたんです。そのときの感激はいまでも忘れません。B君は、こう言ったんです。

「ここで待っていれば会えると思ったから、ボクは、ずっと待っていました」

彼の手には、私の薬の袋がありました。

私が買い物をしたのがお昼前でしたから、それから8時間以上、ずっと彼は私が戻ってくるのを待っていてくれたんです。誰かに相談することもなく、ただ一人、忘れ物に気づいて戻ってくる私を待っていたんです。

「ゴメンね、ゴメンね」。私は泣きながら謝りました。

どうかこのせちがらい世の中に、こんなにも純粋な若者がいることを、ぜひともテレビで報道していただきたいと思います。どうぞよろしくお願いします。

第38話

「臨時ボーナスはお前のためじゃない」

Cさんが勤める会社は、飲食サービスを提供する零細企業です。コロナ不況でもっとも打撃を受けました。

家族は四人。妻と小1、保育園の二人の子どもを抱えています。妻もパート勤めで家計を助けてくれていますが、こちらもコロナ禍で休みが多く、収入は家計全体で以前の3分の1にまで減少しました。

わずかな貯金も減るばかりです。このままでは毎月の赤字で、借金生活が目に見えています。

「いつ辞めようか」――それだけを考えるCさんの苦悩の日々が続きました。毎朝、新聞の折込みチラシの求人案内に目を通すのが習慣にもなりました。

しかし一方では、父とも慕う社長の行動が、Cさんの心の支えになりました。

自治体からの支援・補助金を最大限、従業員に回してくれたのです。金額はわずかとはいえ、臨時ボーナスの支給はCさんのモチベーションにつながりました。

さらに社長の次の言葉で、Cさんは引き続きこの会社で頑張ろうと決心しました。

「臨時ボーナスはお前のためじゃない。お前の家族のために出すんだよ」

厳しいコロナ不況下にあっても、Ｃさんがこの会社で働く意欲を高めた言葉でした。

経営者には従業員を守る責任があります。その責任とは、従業員本人だけでなく、家族も含めて、従業員の生活を守ることを意味します。

以前、Ｃさんが独自のアイデアで売り上げを伸ばしたとき、社長から飛び出した、あの言葉が忘れられません。

「社長賞はお前に、奥さんには感謝状を贈ろう」

経営者に求められるのは、経営ビジョンを掲げることだけではありません。

従業員を大切にする思いがなければ、会社の発展はありえません。

Ｃさんの「辞めたいな」という気持ちを翻《ほん》意《い》させたのは、社長の豊かな人間性だったと断言できます。

第39話

「相手の方が悪かったんじゃないの？」

D男さん（55）はベテランのトラック運転手です。毎日、近場のコンビニ店舗に食料・飲料品を配送しています。

いまの運送会社に勤務して20年、この間ずっと無事故無違反が自慢でした。

ところが先日、思わぬ事故に巻き込まれてしまいました。信号無視の乗用車と衝突し、トラックは横転。幸いD男さんは軽傷でしたが、積み荷は散乱し、会社には大きな損害を与えてしまいました。

救急車で運ばれる途中、D男さんは重い気持ちで社長に連絡を入れました。

「申し訳ありません。事故を起こしてしまって。届け先への連絡は……」

「そんなことより、ケガは？」

「ええ、こうして話もできる状態です」

「そうか、それは良かった。それにしても大変だったな……」

ちょっと間があって、言葉が続きました。

「でも相手の方が悪かったんじゃないの？」

この言葉に、D男さんは胸がいっぱいになり、しばらく涙が止まりませんでした。

この段階で社長は、まだD男さんから詳しい事故の説明を受けていません。

にもかかわらず、原因については「相手の方が悪かったんじゃないの？」と、D男さんを信じる気持ちが真っ先に言葉になって出たことに、D男さんは涙が止まらなかったのです。

事故の詳細を聞く前に、まずケガの程度を気づかってくれたことにも、D男さんは心から社長に感謝しました。

社長のモットーは『従業員ファースト』。従業員は会社の顔であり、常に顧客と正面から向き合っている。その従業員を第一に考えることが、最終的に顧客の満足度を高めることにつながる――これが社長の経営理念でした。

このモットーが『絵に描いた餅』ではなかったことが、今回の社長の言動で証明されました。

また社長は日頃から、D男さんの仕事ぶりに全幅の信頼を寄せていました。事故の一報を受けても、D男さんへの信頼感は揺るぎませんでした。

この事故を機に、D男さんから社長への信頼感もまた、さらに強くなりました。

信頼感は双方向でなければ成立しません。一方通行では、いつか破綻してしまうものなのです。

第40話

「逃げて、逃げて、逃げまくれ」

「あ～あ、あの件、引き受けるんじゃなかったわ」

なにごとも積極的に取り組むE子さんですが、今夜は珍しく寝る前に後悔しています。

E子さんは中堅アパレルメーカーの宣伝担当を務めています。雑誌メディア対応の窓口として、資料作成から素材チェック、苦情処理など、デイリーの仕事だけで息をつく暇もありません。

きょうはさらに上司から、WEBメディアの担当を依頼され、さんざん迷った末に引き受けてしまったのでした。

「無理だと思ったら、断った方がいいんじゃないの？」

性格はE子さんと好対照で、なにごとも深く考え込まないタイプの夫は、いつもの軽い口調で話しかけてきます。

日頃から夫のこうした物言いにうんざりしているE子さん。即座に反論しました。

「そうはいかないわよ。いったん引き受けた以上はやるしかないわ」

「そんなことないさ。困ったときは、逃げていいんだよ」

そして急に声を高めて——

「逃げて、逃げて、逃げまくれ。結局、逃げきれたら、それって、最初っから大した問題じゃなかったんだよ」

なぜか、この言葉はストンと胸に落ちました。迷いは吹っ切れ、E子さんは心を決めました。

（あした上司に頭を下げて、断ろう）

真面目な人ほど、相手の信頼感に応えようという気持ちが強く働きます。このため、他人からの頼みごとを断れない人が多いようです。

でもかえって自分を追い込んでしまい、最終的に相手に迷惑をかける結果になることもあります。

『三十六計逃げるに如《し》かず』とは、中国古代の兵法が語源で、三十六の計略のうち、時には逃げることが最上の策となることもある、との教えです。

これ以上踏み込んだら危ない、という危険信号を感じたら、迷わず〈逃げる〉選択をするのも〈勇気〉です。

かの古代ギリシアの政治家・デモステネスは言っています。

「**逃げた者はもう一度戦える**」

要は、ストレスを溜めないこと。常に自分に厳しくある必要はありません。

第41話

「おいおい、まだ何にも始まっていないぞ」

　文具メーカーの新入社員F君は、きょう新人研修を終えたばかりです。あすからの現場配属を前に、大学の先輩G男さんに夕飯をおごってもらっています。

「どう、いまの心境は？」

「はい、期待と不安が入り混じって、でも正直、不安の方が圧倒的に大きいです」

　というのも、F君は子どもの頃から〈あがり症〉を自覚しています。希望は内勤でしたが、配属は文具店や量販店を直接回る外勤営業でした。

　研修は、ビジネスマナーや社会人の自覚を養うトレーニングが主で、初対面の人にどう接したらいいのか、営業用の話し方などまったく自信がありません。

「現場に出たら何を話せばいいのかわかりませんし……」

「そんなことは、これから先輩たちが教えてくれるさ」

「ボクがいきなり売り上げを落とすかと思うと、もうお腹が痛くなってきました」

　するとG男さんからこんな言葉が返ってきました。

「おいおい、まだ何にも始まっていないぞ。会社もそんなに期待してないから（笑）」

　これにはF君も思わずニヤリ。

（たしかにそうだよな……）

　素直に納得できるアドバイスでした。

　F君の不安は、本人も自覚している〈あがり症〉が原因と考えられます。

　もちろん病気として深刻な症状であれば、専門医に相談が必要です。しかしF君の場合は、就職試験の面接もクリアして入社しました。営業ポストに配属されたのも人事担当者の判断です。本人が意識するほど深刻な状況ではないと考えられます。

　人前であがってしまう人は、常に他人から自分がどう見られているかが気になり、よく見られたいという意識が人一倍強いといわれます。実力以上によく見せたい、という気持ちが強いと、さらに緊張は高まります。それが負のスパイラルを生みます。

　そこでG男さんは、「他人からの評価なんか気にするな」ということを、冗談めかした表現で笑い飛ばしたわけです。

　プレッシャーは誰がつくるのか？　他人がつくるのではありません。自分自身で勝手につくっているのです。

　大事な局面であればこそ、肩の力を抜いて平常心で臨みたいものです。その平常心をつくるのも、そう自分自身なのです。

第42話

「君が頑張ってるのは、みんなが見てるよ」

都内でマンションの管理人を務めるH男さん（43）は、このところ毎日、仕事を辞めることばかり考えています。

2年前、勤めていた飲食店がコロナ不況で倒産。知り合いの紹介で、まったく知識のないまま、この仕事を引き受けました。

住戸数は70戸。中規模のマンションです。設備の点検や清掃、訪問者への対応、管理会社への報告が主な仕事で、もっとも時間をかけて取り組むのが共用部分の清掃です。真夏や真冬の屋外での作業は、体力的にこれまで経験したことがない重労働です。

しかし肉体的負担よりもっとつらいのは、住民からのクレーム対応です。ゴミの出し方や駐輪・駐車のマナー違反、楽器やペットの騒音問題など、さまざまな苦情が管理人のもとへ寄せられます。

場合によっては住民同士のトラブルに発展する可能性もあるため、細心の注意が必要です。特にルールを守れない方への対応には手を焼きます。ていねいにお願いをしたつもりでも、逆ギレされたこともありました。

（もう絶対に辞めてやる！）

きょうもそんな気分でいたのですが……普段あいさつしかしたことのない初老の男性がかけてくれた言葉が、H男さんの心を動かしました。

「いつも頑張ってるねぇ。君が頑張ってるのは、みんなが見てるよ。だから、いざとなったら、きっとみんなが助けてくれるよ」

突然声をかけられて、H男さんはびっくりしました。さらに驚いたのは、その言葉が、この何年も忘れていた他人からの〈ねぎらいの言葉〉だったことです。

マンションの管理人というのは、基本的に一人仕事です。住民とのふれあいは日頃のあいさつ程度で、会話となると、どうしてもクレーム処理など不快な内容が多くなってしまいます。

そんなとき、初老の男性の言葉はH男さんの胸に響きました。

（ああ、真面目に仕事をしていれば、誰かが必ず見ていてくれる。世の中、捨てたもんじゃないな）

そう実感しただけで、これまでの苦労が報われた気がしました。

「あ、ありがとうございます」

このときH男さんは、感謝の言葉を絞り出すのが精いっぱいでした。

そして心の中では、こう思いました。

（もう少し、この仕事を続けてもいいかな）

第43話

「男はみんなマザコンよ！」

サービス関連の上場企業に勤めるI子さん（50）は、並みいる男性社員を押しのけて、このほど企画部長に大抜てきされました。

短大を卒業して30年間、仕事ひとすじで結婚もせず、がむしゃらに働いてきました。仕事に自信はありますが、クセのある男性社員も多くいて不安は隠せません。

女性管理職がようやく1割という社内で、唯一の女性役員であるJ子さん（62・既婚）にアドバイスを求めました。

「年齢も学歴も上の男性が、こんどから部下になると思うと……どうしたらいいのか、いまから不安でいっぱいです」

「そうね、男と女を比べると、男の方が嫉妬深いし、プライドは高いし……」

「やめてください。そんなこと言われると、ますます不安になっちゃいます」

「ゴメン、ゴメン（笑）。でもね、私、男社会で仕事をしながら、家庭では二人の男の子を育ててきたでしょ。男と女の性の違いをいっぱい観察してきて、つくづく思うことがあるの」

「え、何ですか？」

好奇心いっぱいにI子さんは尋ねました。

「**これだけは、はっきり言える。結局、男はみんなマザコンよ！**」

　この一言に、Ｉ子さんは思わず声を上げて笑ってしまいました。

　Ｊ子さんはさらに、なめらかな口調で続けました。


「まず、男はみんな甘えん坊で、照れ屋さんだと思いなさい。本当は甘えたいのに、周りに人がいっぱいいたら、わざと母親に強く当たったりするの」

「そういうときは、どうすれば……」

「だから、母親になるの。しょうがない子だなあって、優しく包んであげなさい。あと、マザコン男子は世話好きの女性に弱いの。ここまで自分のことを考えてくれてるんだ、って気づいたら、とっても素直になるわ」


「私にできるでしょうか？」

「できるわよ。だって、あなたは女だから」

　Ｊ子さんのアドバイスに、Ｉ子さんは覚悟を決めました。

（自分の中に眠っている〈母性本能〉を、こうした形で使うのも悪くないかもしれない）

　そう考えたＩ子さんは、いっぺんにたくさんの男の子を抱えた肝っ玉かあさんになったつもりで、仕事に向き合っています。

第44話

「あの『ありがとな』は、ボクの人生の中でも最高の『ありがとう』でした」

総合病院で外科医を務めるK男さん（40）が研修医時代の思い出を話してくれました。

いまでもあの緊急オペのことは忘れられません。交通事故の8歳の女の子が運ばれてきて、ほぼ助からないだろうっていう状態でした。執刀した外科医は、普段はどちらかというとのんびりした性格なんですが、いざオペとなると、とにかく「速い！」。ボクの憧れの先輩でした。

オペはもちろん一人ではできません。オペに立ち会う全員のチームワークが大切なことは言うまでもありません。

ただそのとき気になったのは、たまたま普段から反《そ》りの合わない外科医と麻酔科医の組み合わせだったんです。なにごとにつけ反目しあっている二人でしたから、ボク一人、なんかイヤな雰囲気を感じていました。

とはいえ、オペが始まってしまえば、そんなこと言ってられません。いまにも消えそうな命を前に、信じられないくらいの呼吸、スピードで、1秒もおろそかにしない素晴らしいオペでした。

で、女の子の命が助かったとき、ボクはもう涙が止まらなくて……。先輩医師二人も、大仕事を終えてホッとした表情で……そのとき、ボクは見たんです。一瞬だけ目を合わせた二人が言葉をかけあうのを。互いに相手に届くか届かないかくらいの、ちっちゃな声で一言、「ありがとな」って。「お疲れさん」じゃなく、「ありがとな」って。

あの「ありがとな」は、ボクの人生の中でも最高の「ありがとう」でした。

え、どういう風に最高だったかって？

うーん、「ありがとう」って、誰でもよく言いますけど、あのときの「ありがとな」はちょっと違ったんです。

そう、感謝だけじゃないんです。互いの実力を認め合うっていうか、互いの健闘をたたえ合うっていうか、何かとっても深くて重い「ありがとな」だったんです。

え、その後の二人ですか？　ずっと仲の悪いままでした（笑）。でもあのときの二人を思い出すと、あらためて医師としての〈使命感〉を教えてもらった気がするんです。

K男さんが伝えてくれたのは、言葉の〈重み〉でした。同じ言葉でも、伝える人によって〈重み〉が違う、とはよく言われることです。この〈重み〉はどこから生まれるのか。

私は、ものごとに取り組む際の〈責任感〉だと思います。どんなときも全力で責務を果たすプロフェッショナル二人の言葉だったからこそ、K男さんの心に響いたのではなかったか――私は、そう思います。

第45話

「完璧な人間なんていないよ。お前も少しはボーッとしてみたら……」

L君は全国でも有名な中高一貫校から一流大学に現役合格。いまは一流メーカーに勤める入社2年目のサラリーマンです。

子どもの頃から頑張り屋です。全教科100点満点をめざし、常に成績はトップクラスでした。そして今回、全社の若手の選抜チーム、エリートコースである海外勤務候補生に選ばれました。

そんなL君が、最近、体に変調を感じてきました。体が重い。食欲がない。眠れない。これまで一番の売りだった、集中力にも自信がなくなってきました。

「ひょっとしてオレ、うつ病?」

そこで、普段から何でも話せる先輩のM君に相談しました。

「いま、うつ病なんて診断されたら、もう会社人生終わっちゃいますよね」

「ハハハ、お前、そうきたか」

「そんな……笑わないでください」

「ゴメン、ゴメン。でもな、いいか、そんなことで会社人生は、終わりません! というより、終わってたまるか! お前さ、この世の中で『最悪の病』って知ってるか? うつ病より怖い病気」

「………」

「それはな、『完全を求めようとする病気』

だって。アメリカの思想家のエマーソンがそう言ってる」

深刻な表情のL君を、M先輩はまず笑い飛ばしたあと、こう続けました。

「いいか、よく周りを観察してみろ。世の中に、完璧な人間なんていないよ。お前も少しはボーッとしてみたら……」

いつも仕事の意欲にあふれ、毎日が楽しくて仕方がないと話すM先輩は、どんなに忙しくても、寝る前の30分、何も考えない〈ボーッとする時間〉を大切にしているそうです。

ちなみにアメリカの思想家・作家・詩人のエマーソンの名言です。

『完全を求めることは、人間の心を悩ませるこの世で最悪の病である』

何でも満点をとろうと思うから難しいのです。プラス思考と完璧主義は違います。

いまこの本を読んでいるあなたも、ほら、もう少しだけ、肩の力を抜いてみましょう。そのちょっとした〈余裕〉が、なにごとにもプラスに作用するはずです。

「命の恩人です！」「こんなの初めてです！」

N君（29）は職場の人気者です。

どうして人気があるのか？　その秘密を知るべく、N君の人柄について、上司、同僚、後輩たちに率直な印象を聞いてみました。

まず上司のN君評です。

「あんなお調子者、見たことない。でも、どこか憎めないいんだよなあ。ええ、かわいい奴ですよ」

同僚は、こう語ります。

「何をするにも大げさで、最初は鼻についたんだけど、だんだん慣れてきちゃってね。いまじゃあの図々しさが、あいつの魅力かな」

後輩は言葉を選びながら話しました。

「えーと、とても正直な人なんですね。何でも思ったままを口にするから最初はびっくりしますが、ウラオモテがないから信用できる人。はい、頼りになる人です」

いろいろ話を総合すると、N君には二つの〈口ぐせ〉があることがわかりました。N君の人となりが、この〈口ぐせ〉にズバリ表れています。

とても大げさで、でも正直で、だから信用できるという、N君の人柄を象徴する二つの〈口ぐせ〉がこちらです。

「命の恩人です！」

上司や同僚、後輩を問わず、相手が誰であ

ろうと、お世話になった人には、心を込めてお礼を言う。そのときの〈口ぐせ〉です。

〈命〉なんてワードを持ち出して、そんなオーバーな、と相手が思っても、本人にとってはそれだけ切羽詰《せっぱつ》まった、重要な問題だったと、相手に印象づけてしまうのです。

「こんなの初めてです！」

こちらも相手は問いません。誰の行為であっても、こんなもてなしは初めてだ、という感動、感激を表す〈口ぐせ〉です。

相手は、そんな大げさな、と思っても、けっして悪い気はしないはずです。

どちらも、わざとらしいフレーズなのに、なぜ相手に受け入れられるのでしょうか。

それはN君自身が、日頃からなにごとにも真剣に向き合い、正直に対応する姿勢が評価されているからにほかなりません。

話し方は、うわべだけどんなに繕《つくろ》ったとしても、その人自身の考え方や働き方、詰まるところ生き方そのものを表してしまいます。

ワードのチョイスが大げさでも、N君自身が普段からそのワードに見合った生き方を心がけているから、誰もが彼を信用、信頼するのです。けっして口先だけではないから、すべてに説得力が生まれるのです。

第47話

「あがらないような人間は信用しないよ」

2022年2月3日放送の『徹子の部屋』（テレビ朝日）のゲストは、タレントの小堺一機さんでした。とても印象に残ったのが、喜劇界の大御所・萩本欽一さんとの関係を語るエピソードでした。

「いまでも忘れられないのは、師匠の萩本さんと初共演したときのことです。

もう40年ほど前、当時の人気番組『欽ちゃんのどこまでやるの！』に出演させていただきました。驚いたことに、大将（萩本さん）はリハーサルと本番が全然違うんですね。ボクはアドリブについていけなくて、ガチガチに緊張しちゃったんです。

それはもう、大将もフォローできないくらい、ボク一人だけが極端にあがっちゃって、最初は笑っていたお客さんも次第にシーンとなっちゃったんです。大失敗ですよね。

ああ、これでもうクビだって、がっくりきていたところに、大将が声をかけてくださったんです」

いまも小堺さんが忘れられないという、師匠の言葉。この一言で、小堺さんは思わず涙ぐんでしまったそうです。

「あがらないような人間は信用しないよ」

萩本さんはこの言葉に、どんな意味を込めたのでしょうか。

もちろん大舞台で緊張するのは当たり前のことで、しかも師匠との初共演です。周りが見えなくなるくらい、ガチガチに緊張してしまった。それだけ真面目に仕事に向き合う小堺さんの姿勢を、メリット（長所）として評価したという見方ができます。

ただ芸人として〈あがる〉というのは、はっきり言ってデメリット（短所）として指摘される部分でしょう。とすると、あえて〈あがってしまった〉点を取り上げながら、一方で仕事に対する真面目さを評価した。そこに師匠の懐の深さを感じとることができます。

このとき萩本さんは小堺さんに、何かしらの将来性を感じとったに違いありません。

デメリットを指摘して、それを上回るメリットに期待した萩本さんの言葉は、大御所が若手の成長に期待する言葉だったのです。

もしこのとき、小堺さんが叱責しかされていなかったとしたら、いまの活躍はなかったと思います。

メリットではなく、デメリットをホメて励ましの声にする――なかなかできることではありません。さすが、喜劇界の頂点をきわめた人の言葉は違いますね。

第48話

「リーダーとは希望を配る人のことだよ」

O男さん（58）は某企業の次期社長に就任することが内定しています。現在の役員の中では最年少ですが、現社長から直々《じきじき》に後任として指名されました。

引き継ぎにあたっての二人の会話です。

「君が描く理想の社長像に照らして、真のリーダーに必要なものは何だと思うかな」

「まずは決断力と行動力、それに統率力と時勢を見あやまらない洞察力でしょうか」

「ハハハ、君は真面目だなあ。悪いが、私はそんなもの君には求めていないよ（笑）」

「え、そうなんですか（苦笑）」

「もちろん社員から信頼される人間でなくちゃいかん。だがあとは格別、優れた能力は必要ない。社長の真価が問われるのは、平時じゃない、会社がピンチになったときだ。そのときこそ、心がけるべきことがある」

「はい」

「真のリーダーはどんなときも前を向いていなきゃならん。周りが下を向いていたら、全員、前を向かせなければ、会社は、沈む」

「………」

「**リーダーとは希望を配る人のことだよ**」

現社長は、真のリーダーはかくあるべき、とのナポレオン・ボナパルトの名言を引きました。

リーダーのイメージといえば、常に仕事をきっちりこなし、自らの指導で優秀な部下を育て、いざとなったらすべての責任を負う。それが一般的でしょう。

しかし実際には、特に優れた能力もないのに、なぜか優秀な部下ばかりに恵まれて、目を見張るような成果を上げるリーダーもいます。

どうすれば、そんなリーダーになれるのでしょうか？　一見して目立たない、でも絶対に必要なリーダーの能力とは、苦しいとき、つらいときに、部下たちを〈やる気〉にさせることができるチカラです。

第5回WBC（ワールド・ベースボール・クラシック）の優勝監督・栗山英樹さんは、選手の〈やる気〉を引き出す方法について、著書にこう書いています。

「出口の見えない迷路に迷い込んだとき、チームのためというより、それぞれの夢に向かって、家族のために、大切な人のためにという思いがあれば、もう少しだけ頑張ることができる。それが自然とチームのためになる」

＊栗山英樹著『「最高のチーム」の作り方』（ＫＫベストセラーズ）

心が折れそうになったとき、周りに〈夢〉や〈希望〉を届けられる人物こそが、真のリーダーと言えるのです。

第49話

「お、視聴率がぐっと上がるところだ」

P男さんはテレビ制作会社に入って1年目のAD（アシスタント・ディレクター）見習いです。憧れのドラマ制作現場で働けるのは最高に嬉しいのですが、早朝から深夜まで超ハードな日々を過ごしています。

ロケ現場の交通整理から、俳優さんやスタッフの移動・宿泊先の手配、季節に合わせて暑さ・寒さ対策のグッズ準備まで、雑用はほとんど彼のところに回ってきます。先日はロケ弁の数が足りず、大目玉を食らいました。睡眠時間は毎日3～4時間。心も体もクタクタです。

きょうは待望の休日で、久しぶりに高校時代の親友Q男さんを呼び出して弱音を吐くことにしました。

「悪いな。急に呼び出したりして……」

「ぜんぜん。オレ、とっても外交的なニートだから（笑）」

「実はさ、オレ、いまピンチなんだ」

「へー、どのくらい？」

「もう、死にそうなくらい」

「おー、ヤバイじゃん」

「うん、ヤバイ。無茶苦茶ヤバイ。いま断崖絶壁、あと一歩下がったら、真っ逆さまに海に落ちる」

と、P男さんがここまで話すと、Q男さん

はユーモアあふれる一言で励ましました。

「お、一番の見せ場。視聴率がぐっと上がるところだ」

Q男さんはサスペンスドラマのワンシーンにたとえることで、深刻な相談を軽いノリで返しました。

この言葉に、それまで切羽詰まった面持ちだったP男さんも思わず吹き出してしまいました。

そしてこのあと、二人の会話はドラマのストーリー仕立てで進みました。主人公はもちろんP男さんです。

間一髪で断崖絶壁の危機から脱出したP男さん扮する熱血探偵は、このあとさまざまな冒険を繰り広げます。そして最後は、ヒロインの広瀬すずさんと結ばれて〈ハッピーエンド〉。

気の合う二人は、時に大声で笑い合いながら、事件解決までの展開を語りました。

答えの出ない難題に、どんなにしかめっ面で顔を突き合わせても解決にはつながりません。その点、ユーモアは一瞬にして暗いムードを吹き飛ばします。

（ああ、きょうはQ男に会えて良かった）

P男さんは心からQ男さんの気配りに満ちた会話に感謝しました。

第50話

「そんなことで、ボクはあきらめませんから！」

この春、証券会社に入社したR君は、連日の厳しい研修でもうヘトヘトです。帰宅してそのままベッドに倒れ込む生活が続いています。さらに夢の中でも研修漬け？　今夜は夢の中に『仕事の神様』が出てきました。

「え、本当に『仕事の神様』なんですか？」

「信じないんなら、オラ、もう帰る」

「あ、ご、ごめんなさい。神様、一つだけ教えてください。ボクは〈できる社員〉になりたいんです。なれるでしょうか？」

「そんなこと、わかるわけないやろ。地球上に80億からの人間がおるっちゅうのに、そんな一人ひとりの細かいことなんか、わかるわけないやろ」

「あ、そうですよね。そんな細かいことまでお聞きして、ホントにホントにすみません。では、これだけは教えてください。〈できる社員〉とは、どんな人のことでしょうか。ミスをしない人のことですか？」

「アホか。ミスをしない奴とは、何にもしない奴のこっちゃ」

「では、何でもできる人のことですか？」

「アホか。そんな奴、どこ探してもおるわけないじゃろ」

「もう、アホなボクにはわかりません。では〈できる社員〉とは、どんな人ですか？」

「アホか。何でも神様に頼るな。どアホ！」

「もう、そこまでアホ、アホ、言わなくても……。**そんなことで、ボクはあきらめません から！**」

「それじゃ！　正解は、それじゃよ」

仕事は困難の連続です。何の障害もなく思い通りに事が運ぶ、なんてことは、まずありません。

では仕事のゴールとは、何を指すのでしょうか？　もちろん仕事の種類によって違いますが、シンプルに考えるなら〈結果・成果〉を出した時点と設定できます。

つまり〈できる社員〉とは、しっかり結果や成果を出せる人、と言えるのではないでしょうか。

どんな仕事も時間はかかります。簡単にこなせる仕事などありません。ゴールまでの道のりは果てしなく遠いでしょう。どの道の成功者もみな、長く苦しいプロセスを経て、ようやくゴールまでたどり着いたのです。

途上で求められるのは、どれだけ失敗や挫折を繰り返そうとも、絶対に成功させてやるという強い意志と、くじけない精神力だと思います。「あきらめない」「へこたれない」人間にだけ、神様は微笑んでくれるのです。

きっと『仕事の神様』はいつも誰かを試しているのですよ。いつあきらめるかってね。

第51話

「色を追いかけるな。色はいただくもの」

染織家の志村ふくみさんは、自然の草木から抽出《ちゅうしゅつ》した色で糸を染める〈草木染め〉の第一人者。1990年、紬織の重要無形文化財保持者（人間国宝）に認定されました。

大正生まれで、専業主婦の立場から離婚を経験。二人の娘と一時は離れ離れになりながらも、時代に先駆け仕事で身を立て、生涯を〈色〉に捧げてきました。

志村さんが抽出する色は、命の息吹きが匂い立つと表現されます。実際にこれがどういうことなのか、志村さんの著書『一色一生』（求龍堂）で理解できました。

たとえば日本人の心を捉えて離さない桜の花びらの色は、一年中取り出せるわけではありません。春の訪れが近くなったとき、志村さんは桜の枝の採集にかかります。

どの植物も最高の色を持っています。しかしどんな色も、花そのもので染めるわけではありません。桜色に染める場合も、桜の花弁ではなく、枝や幹の皮を煮詰めて色を取り出すのです。

桜の花が咲き出す直前の枝には、これから花を咲かせるチカラが蓄えられています。そのチカラを「染めに使わせていただく」と志村さんは書いています。

「桜はなかなか切る人がなく、たまたま9月頃に大木を切るからと聞き、喜び勇んで出かけたことがありました。しかし、3月の桜とは全然違いました。そのとき初めて知ったのです。桜が花を咲かすために、樹木全体に宿している命のことを。一年中、桜はその時期の来るのを待ちながら、じっと貯めていたのです。それまで私は、知らずして花の命をいただいていたのです」

真の色を求めることとは、花の命を奪うことでもあります。つまり桜染めとは、桜の命を映し出すことなのでした。

志村さんには、生涯かけて追い求めている色があります。日本の女性が一番輝く色、藍色です。

「藍を建てる（抽出する）ことは、赤ん坊を育てるくらいの繊細さが求められます」

この覚悟が、本のタイトル『一色一生』につながりました。

そして、この名言が生まれました。

「色を追いかけるな。色はいただくもの」

誰しも追い求めるものがあります。その求めるものを、この言葉の〈色〉に当てはめてみてください。焦る思いが一旦は静まって、あらためて謙虚な心持ちで取り組めることでしょう。自然は人にいろんなことを教えてくれています。

＊参考　NHK『プロフェッショナル仕事の流儀〜いのちの色で、糸を染める　染織家・志村ふくみ〜』
2013・5・27初回放送

第52話

「必ず治る病気ですからね」

S子さん（23）は根っからの子ども好きです。高校卒業後に保育士の資格を取得し、いまは地元の保育園で働いています。

仕事も3年目に入って、最初に思い描いていた理想と現実のギャップに悩むことが多くなりました。

子どもたちと関わることで特に苦労は感じませんが、悩みは職場の人間関係です。園長の威圧的な態度は日増しにエスカレート。先輩の先生たちからは、毎日のように無理難題を押しつけられます。

さらに保護者からはクレームが相次ぎ、残業も重なって、とうとう体に変調をきたすようになりました。

これまで経験したことのないストレスを抱え、家族のススメもあって、思い切って心療内科を受診したところ、軽度の〈うつ病〉と診断されました。

（え、私が〈うつ病〉なの？）

この診断がショックで、S子さんは医師の前で突然、涙が止まらなくなりました。

しかしこのあと、医師のたった一言で、S子さんは大いに救われた気がしたのです。

医師はS子さんに優しく微笑みながら、こう言いました。

「ショックでしたね。でも、必ず治る病気ですからね」

まさか、自分が〈心の病気〉にかかるなんて?!　気づかぬうちに、とめどなく涙がボロボロ頬を伝っていました。

しかし医師の「必ず治る」の一言で、スッと心が軽くなったのです。

医師はさらに、こう続けました。

「大丈夫ですよ。焦らず一緒に治していきましょうね」

ゆったりとした語り口が、またＳ子さんの心に優しく響きました。

言葉は、時には武器になり、時には凶器にもなる〈諸刃《もろは》の剣《つるぎ》〉です。

たった一言で相手を絶望の淵に追いやることもあれば、たった一言で失意の底から救うこともできるのです。

そして間違いなく言えるのは、責任ある立場の人の言葉はとても〈重い〉ということです。医師や教師、政治家、法律家、経営者、ジャーナリスト、アナウンサーなど、何気なく発した一つの言葉が、本人の意思を越えて周りに計りしれない影響を与えることがあります。

自分の言葉がもたらす結果にまで責任を負わねばならない――その自覚がない人は、責任ある立場につく資格はありません。

第4章　スポーツ

第53話

「オレは楽しかったぞ！」

2022年正月、毎年恒例『箱根駅伝』のテレビ中継（日本テレビ）で、いまでも忘れられないシーンがあります。

初出場の駿河台大学に異色のランナーがいました。31歳の4年生、今井隆生選手です。中学の教師を休職して3年生から編入学。憧れの箱根路を走りました。

残り1キロ。ラストスパートです。順位は20位。最下位です。画面に映る今井選手は苦しげな表情を浮かべています。奇《く》しくも次の中継所でタスキを待つのは、かつて教え子だった永井竜二選手（3年）。教師と生徒の関係が、この2年間で同じ駅伝部の学生同士という関係に変わっていました。

「あと3分！」

伴走車の徳本一善監督（42）から声が飛びました。徳本監督はかつて法政大学エースとして、箱根駅伝では区間賞を獲得したこともあるトップランナー。今回は監督として、悲願の箱根初出場でした。

苦楽をともにしてきた今井選手に、徳本監督は沿道にも響きわたる大声で、伴走車からこう叫びました。

「**楽しかった2年間を思い出せ！　オレは楽しかったぞ！**」

箱根駅伝の予選会を勝ち抜くのは並大抵のことではありません。これまで何度も大きな壁にぶつかっては、その度に跳ね返されてきました。

そして今回、悲願の初出場を果たしたものの、レースの神様は非情でした。最下位で走る今井選手を見ながら、それでも監督の胸に去来したものは――楽しさでした。

走ることは苦しくつらいものです。しかしレース当日、監督の胸に迫った思いは、走る苦しみ、つらさではなく、走ることの楽しさでした。苦しい練習に耐えて、ようやく勝ちとった箱根路を走れる喜び、楽しさでした。

中継所で次のランナーに手渡すタスキにはさまざまな思いが込められています。その思いとは、ともに猛練習に耐え、ともに戦い、そしてともに走れる喜びと楽しさです。

10歳下のかつての教え子にタスキを渡し終えたあと、今井選手は号泣しました。

「オレは楽しかったぞ！」

今井選手の思いも、きっと同じだったに違いありません。

第54話

「好きな人が頑張っているのを見ると、自分も頑張れる気がしてくるの」

総合病院の待合室で、テレビを食い入るように見ている老齢の女性がいました。

画面はメジャーリーグのライブ中継。大谷翔平選手の打席です。一球一球、女性は息を詰めて見ています。結局、凡退《ぼんたい》に終わって、女性は大きなタメ息をつきました。

隣で見ていた中年男性が声をかけました。

「野球はお好きなんですか？」

「いいえ、よくわかりません（笑）。でも大谷君が好きだから」

「大谷君はやっぱりスゴイですよね」

「ええ、あんなかわいい顔してね。ホームラン打つしね。三振もとるしね」

男性もうなずいて、少し間があったあと、女性がさらっと一言、こう言いました。

「癌なの」

「えっ、何ですか？」

「私、癌なの。ステージ4なの」

思わぬ告白に男性が言葉を失っていると、女性は精いっぱい微笑みながら続けました。

「私、スポーツなんて自分では何もやったことないけど、見るのは大好きなの。だってスポーツって、頑張っているのがすぐわかるでしょ。でもね、みんなの見えないところで頑張っている人もいっぱいいるの」

「………」

「私も、そうよ。**一人で頑張るのはつらいけど、好きな人が頑張っているのを見ると、自分も頑張れる気がしてくるの。もう死ぬかもしれないのにね**」

〈死〉が遠くないことを心のどこかで認めながらも、必死に病気と闘っている〈覚悟〉の言葉でした。

淡々とした語り口は、むしろその心境に至るまでに、さまざまな葛藤《かっとう》があったことをうかがわせます。

驚くのは、大谷選手の一投一打が、〈死〉を意識した人までをも励ましてしまう、スポーツが持つパワーです。

人が人を励ます手段は言葉に限りません。懸命にボールを投げる、打つ、走る、その姿は、多くの人に勇気と感動を届けます。

そして私はこうも思います。

このまったくけれんみのない、率直な女性の言葉は、スランプにあえぎ、いまも自分自身と闘っているアスリートたちに、格別な励ましの声になるのではないかと。

人はみな、いつでもどこでも、互いに励まし励まされながら、懸命に生きています。

第55話

「打てなくてもいいからな」

中京商業高校・中京高校（現中京大学附属中京高校・愛知）と三重高校（三重）を率いて、甲子園に春夏あわせて14度出場。通算33勝をあげた故・深谷弘次監督には、何度もインタビューさせていただきました。

そのときの膨大なメモを読み返していて、あらためて深谷さんの指導者としての偉大さに気づかされました。メモからの抜粋です。

「あの甲子園独特の雰囲気の中で、選手たちにかける言葉は、一言、一言が本当に大切なんです。

まずぶつかるのが、プレッシャーとの闘いです。平常心を保つために『雰囲気を楽しめ！』とか、『思い切っていけ！』とか、そんなフレーズだけではダメなんです。選手の顔を見て、いつもあと一言、付け加えるようにしていました。

たとえばチャンスに代打で送り出す選手の場合。もうガチガチに緊張しています。そんなときは、「思いっきり（バットを）振ってこい」と言ったあとに、もう一言だけ、小声でゆっくり、ニッコリしながら付け加えるんです。

『**打てなくてもいいからな**』

この一言で、スーッと、その子の肩のチカラが抜けていくのがわかるんです」

勝負のゆくえはすべて自分のバットにかかっている、そう気負っている選手への〈ささやき戦術〉です。

「人間のチカラは本当に未知数だって、つくづく思いますよ。特に高校生の場合は、もうびっくりです。甲子園に行ってからでも、一試合一試合、一つずつ勝ち上がっていくたびに強くなっていくんです。

よく言われることですけど、『メンタルはテクニックを超える』。まさにアレですね。野球が下手な子でも、気持ちが入れば素晴らしいプレーをする。それが自信となって、どんどん上手になります。

監督として注意していることは、委縮だけはさせない、伸び伸びプレーさせること。監督の仕事なんて、それだけだと言ってもいいくらいです。だって打たなきゃいけないことは本人たちが一番よく知っているんです。その人間に『打ってこい』なんて言ってどうするんですか。

その結果ですか？　うーん、成功率は五分五分くらいかな。だって『勝負は時の運』なんですから（笑）」

勝ち負けに〈絶対〉はありません。

監督自身が勝ち負けにこだわらない姿勢をつらぬいていたことが、常勝軍団であり続けた一番の理由だったのではないでしょうか。

第56話

「優勝とは、優しい人が勝つことなんです」

ゴルフに興味のない方でも、この人の名前はご存じでしょう。

『藍ちゃん』の愛称で親しまれ、2017年に突然の引退を表明した元プロゴルファーの宮里藍さんです。

高校生でツアー初優勝を飾ってプロデビュー。その後いきなり年間5勝をあげて、一躍トッププロの仲間入りを果たしました。

国内だけでなくアメリカ女子ツアーにも参戦。2010年には日本人としてシーズン最多の5勝をマークして、世界ランキング1位にも輝きました。

一流のアスリートは、みなメンタル面の鍛錬を怠りません。当時のインタビューで、宮里選手はこう話しています。

「アメリカで生活して、あらためて日本の良さを再認識しました。それは日本人の言葉に『思いやり』があるということです」

勝負師として言葉の大切さに気づいた彼女は、勝つことの意味について、こんな名言を残しています。

「優勝とは、優れた人が勝つのではなく、優しい人が勝つことなんです」

心を痛めて憂える人に、そっと寄り添うと書いて『優』――宮里さんは、勝負の世界でトップに立つために必要なのは、技術をきわめることだけではない。自分の信念を曲げることなく、周りへの配慮を忘れないことだと説いています。

すなわち、強き者こそ〈謙虚さ〉を忘れてはならぬ、との戒めの言葉と受け止められます。

２０１０年5月、宮里さんがメキシコ・トレスマリアス選手権を制したときの優勝スピーチが忘れられません。

「(ライバルであり親友でもある) オチョア選手 (メキシコ) に心から感謝します」。そう言って、宮里さんはウイニングボールをオチョア選手に贈りました。

実は、この試合を最後にオチョア選手の引退が決まっていて、宮里さんの優勝は彼女の引退への〈はなむけ〉でもあったのです。

そこには、勝負師だからこそ理解しあえる〈優しさ〉があったことは言うまでもないでしょう。

２０１２年には、アメリカツアーで模範的な選手に贈られる『ウィリアム&モージー・パウエル賞』を日本人として初めて受賞しました。この賞は選手間の投票で決まるシステムで、いかに彼女が周りから愛されていたかがわかります。

どんなときも誰に対しても優しい態度で接し、優しい言葉をかけられる人こそ、真に強い人なのです。

第57話

「あしたの自分がきょうを見たときに胸を張っていられるように」

北京五輪フィギュアスケートで、羽生結弦選手は3連覇を逃し4位に終わりましたが、その後、笑顔で会見に臨みました。

笑顔の理由は、これまで挑戦し続けてきた4回転半ジャンプの手ごたえにありました。本番では転倒したものの、ISU（国際スケート連盟）公認の大会で初めて、この大技が認定されたのです。

前人未到の技への思い入れは、羽生選手独特の表現で語られました。

「ボクの心の中に9歳の自分がいて、あいつがずっと跳べと言っていた」

初めて4回転半ジャンプを意識したのは9歳のときだったと明かし、「（最高難度のジャンプという）壁を一緒に登ったという感触がある」とも話しました。

4歳でスケートを始めた羽生選手は、9歳で初めて大会優勝の喜びを味わいました。この節目が競技生活の原点になりました。

そして――「今回は（9歳の自分に）ホメてもらえたと思う」

また報道陣が一番聞きたかった〈今後〉については、こう答えました。

「あしたの自分がきょうを見たときに胸を張っていられるように、これからも過ごしていきたい」

自分で自分を励ます言葉と受け取れます。

フィギュアスケートは、審判員の判定で得点を競う採点競技です。相手と対面して、直接戦う競技ではありません。

戦う相手は自分自身です。自分を知り、自分を律した人間にだけ、勝利の女神は微笑むのです。

もう一つ、同じく採点競技のスノーボード・平野歩夢選手のコメントを紹介します。

北京五輪ハーフパイプで金メダルを獲得した平野選手は、その半年前の東京五輪にも出場しました。種目はスケートボード。周りからは無謀と言われました。結果は予選敗退。それでも、この言葉を残しました。

「誰かに負けない、ではなく、自分のベストをどこまで見せられるかに集中できた」

人生を一つの競技とたとえるなら、自分の限界は、けっして他者と競って教えられるものではないはずです。限界は自分自身で知るものと考えれば、無限の可能性があると思えてくるから不思議です。ひょっとしたら限界点なんて、自分が考えている以上に、遠く、高いところにあるのかもしれませんよ。

第58話

「オレは3年先の〈けいこ〉をしてきた」

58代横綱千代の富士は、優勝回数31回、53連勝、通算1045勝など数多くの記録を誇る、昭和を代表する名横綱です。

127キロの軽量ながら、275キロの小錦を投げ飛ばす豪快な相撲に、大勢のファンが魅了されました。

全盛時代の強さを端的に表現した、こんなフレーズまで生まれました。

『今場所も、終わってみれば、千代の富士』

一番の強みは、立ち合いからのスピードにありました。そのスピードを支える強じんな足腰は、豊富な〈けいこ〉によって培《つちか》われました。

千代の富士は、眼光の鋭さから『ウルフ』の愛称でファンからは親しまれましたが、当時の若手力士は「怖くて土俵では目を合わせられない」と震えあがったものです。

所属部屋の垣根を越えて、当時の若手力士たちは、千代の富士を『大将』と呼んで慕いました。そんな若手に、横綱は〈けいこ〉の大切さについてこう話しました。

「**オレは3年先の〈けいこ〉をしてきた**」

『〈けいこ〉は貯金』と言われる所以《ゆえん》です。

きょうの〈けいこ〉が血となり肉となり、結実するのは3年後、という意味ですが、実は千代の富士にとっては、もう一つの意味がありました。

3年後に強くなる力士をいち早く見つけ、徹底的に〈けいこ〉をつけるのです。相撲界の隠語《いんご》で厳しく鍛えることを「かわいがる」といいますが、手かげんはしません。徹底的に「かわいがる」のです。

圧倒的な強さを見せつけられて、当然、相手は苦手意識を持つようになります。いや、苦手という言葉では片づけられないくらいの恐怖心まで植えつけられます。〈けいこ〉でまったく歯が立たないのですから〈本番〉で勝てるわけがありません。

こうして千代の富士のお眼鏡にかなった、逆鉾、寺尾といった若手力士は激しい〈けいこ〉の甲斐あって、その後どんどん番付を上げていきました。しかし最後まで『大将』との対戦成績は圧倒的に分が悪かったのです。

大相撲に限ったことではありません。どんなスポーツや仕事でも、普段の練習には、先を見通す先見性と、さまざまな思い入れや工夫が必要です。

また、こんな言葉もあります。

『3日で覚えたことは、3日で忘れる』

繰り返しの練習が大切なことも、言うまでもありません。

第59話

「チャレッソ（よくやったね）」

2018年の平昌《ピョンチャン》冬季五輪・女子スピードスケート500メートル決勝で、小平奈緒選手が36秒94の五輪新記録を樹立しました。

会場はしばらく興奮に沸き返っていましたが、リンクには人差し指をそっと唇にあてる小平選手の姿がありました。

次のレースに出場する李相花《イサンファ》選手（韓国）に配慮して、観客に静かにするよう促していたのです。

バンクーバー・ソチに続いて五輪3連覇の期待がかかる李選手は、ケガの影響で不調が続いていました。

そして注目のレース——李選手の結果は、小平選手に0秒39およばず、銀メダルに終わりました。

滑り終えた李選手は、太極旗《たいきょくき》を掲げてリンクを回りながら悔し涙を流しました。そこに駆け寄ったのが、日の丸を身にまとった金メダルの小平選手でした。日韓の国旗が交わる中で、小平選手は李選手を抱き寄せて、耳元で一言ささやきました。

「**チャレッソ（よくやったね）**」

これに応えて、李選手も同じ言葉を返し、互いの健闘をたたえ合いました。そして二人は抱き合ったままリンクを一周しました。

この「チャレッソ」とは、親が子どもに対してよく使う〈ホメ言葉〉です。

金メダルの選手が銀メダルの選手に「よくやったね」――ちょっと違和感もある表現ですが、二人の関係性を知ってからは納得できました。

ライバルとして知り合って10年以上。レースでは常に全力をぶつけ合い、勝ったり負けたりを繰り返しながら、勝負の結果には左右されない友情を育んできました。

李選手が3連覇を逃した直後に流した悔し涙は、おそらく小平選手の一言で別の涙に変わったのではないでしょうか。

優勝インタビューで、「自分が滑り終えたあと、李選手のレースをどういう気持ちで見ていましたか」と問われた小平選手は、こう答えました。

「うーん、（ライバルというより）友だちの気持ちで見ていました」

一方の李選手は二人の関係について、屈託のない表情で語りました。

「ナオがいたから私がいて、私がいたからナオがいたのだと思います」

メダルの色が二人を分け隔てることなど、まったくの杞憂《きゆう》に終わりました。そこには、日韓の壁、そして勝敗の壁を越えた、まぎれもない真の友情が存在していました。

第60話

「努力とか根性とかよりも〈欲〉ですよ」

プロゴルファーをめざすA子さんは、全国レベルのジュニア大会でも入賞経験がある高校2年生です。この日は担任の先生と、今後の進路について話し合いました。

「大きな目標があるのは素晴らしいね。そもそもプロになろうと思ったきっかけは？」

「はっきり言って、お金です」

「えっ、お金？」

「はい、けっして裕福でもないのに、小さい頃からゴルフをさせてくれた両親に、将来はラクな生活をさせてあげたいんです」

「ほう、それは立派な〈志〉だなあ」

「こないだネットを見ていたら、競馬の武豊さんの名言を見つけたんです」

「ほう、名言？　どんな言葉だったの？」

「**もっと上に行こう、という〈欲〉を失ったら終わり。努力とか根性とかよりも〈欲〉ですよ**」

「へえ、なるほどね。いかにもプロフェッショナルらしい言葉だね」

「私、正直言って、この言葉を見てとっても安心したんです。それまでは、お金のためにプロになりたいって、心の中では思っていても、外に向かって堂々とは言えない気持ちがあったから……。先生、私、これでいいんですよね？」

「うん、大丈夫だ。そうさ、やっぱり〈欲〉

は原動力になるよ」

Ａ子さんのモチベーションを高めた名言でした。

武豊さんは日本を代表する騎手です。デビューの年に新人最多勝記録を更新。２年目で菊花賞（Ｇ１）を制覇。その後もＪＲＡ（日本中央競馬会）歴代最多勝記録や歴代最多騎乗数記録を更新するなど、競馬界の〈レジェンド〉です。

武さんが言う「もっと上」とは、もちろんお金のことだけを意味しているわけではありません。しかし、アマチュアでは稼げない賞金や年俸がプロスポーツの魅力であることも事実です。

担任の先生も、Ａ子さんの意欲をかきたてた「〈欲〉＝お金」という解釈に異論はありませんでした。

高校生の可能性は無限です。Ａ子さんが日本を代表するプロゴルファーになることは、先生の夢にもなりました。ですから最後に、この一言を付け加えたのです。

「〈欲〉は原動力になるよ」

第61話

「君の人生だ。君自身が後悔しない道を選ぶべきだ」

母子家庭で育ったB君は、運動神経バツグンの中学3年生です。部活は野球と陸上（短距離）をかけ持ちしていて、両方とも県大会でトップレベルの成績を収めています。

高校進学にあたって、県外も含めて複数の私立有力校から〈スポーツ推せん〉の申し入れがありました。推せんを受ければ特待生扱いとなり、入学金などすべての学費が免除されます。

B君の悩みは、野球か、陸上か、どちらかを選ばねばならないこと。そして実はもう一つ、母親にも打ち明けていない〈思い〉がありました。それは、野球でも陸上でもなく、高校では本格的にサッカーに挑戦したいという〈思い〉でした。

現時点でサッカーの〈スポーツ推せん〉の誘いはありません。サッカーを選ぶのであれば、一般入試で合格しなければならず、受験勉強はもちろんのこと、母親にも学費の負担がかかります。

B君は誰にも相談できずにいましたが、この日、思い切って担任の先生にすべてを話しました。しばらく考えていた先生は、B君の目をじっと見つめて、こう言いました。

「悩んでいるのは誰の人生でもない。君の人生だ。君自身が後悔しない道を選ぶべきだ」

Ｂ君は、このアドバイスで結論を出すことができました。

野球と陸上、そしてサッカー。何を選べば一番、後悔しないか？　とても難しい選択でしたが、先生は別の聞き方でＢ君の正直な気持ちを引き出してくれました。

「一番、打ち込んでみたいスポーツは？」

Ｂ君はすぐに答えられました。

「サッカーです」

すでに実績のある野球と陸上より、Ｂ君は体育の授業でしか経験のないサッカーに挑戦してみたかったのです。

結局、母親は一番の理解者でした。母親の応援を得て、その後、Ｂ君は県立のサッカー強豪校に一般入試で合格。そして、その後の目標は、元日本代表の今野泰幸選手になりました。

その理由は、かつて今野選手が高校時代の思い出を語った一言にありました。

「**特待生には絶対に負けたくないと思った**」

今野選手は宮城県出身で、強豪の東北高校に一般入試で入学。そのあとＪリーグのコンサドーレ札幌やＦＣ東京などで活躍し、日本代表にまで選ばれました。

Ｂ君はきょうも今野選手の言葉を胸に、挑戦を続けています。

第62話

「私たちの間違いでした。大変申し訳ありませんでした」

2022年春のセンバツ甲子園で、審判がみずから誤審を認めて謝罪するという異例の光景が見られました。

広島の広陵《こうりょう》高校と福井の敦賀気比《つるがけひ》高校の試合。広陵は無死一塁で、バッターが送りバント。ボールは一塁のライン際、ファウルゾーンからフェアゾーンへと転がりました。

球審の判定はフェア。ボールは一塁へ送球されアウト。一塁ランナーは二塁へ走っていましたが、てっきりファウルと思い込んだ二塁塁審がランナーを制止してしまいます。走塁をやめたランナーは、一・二塁間にはさまれてタッチアウトになりました。

誰の目にも送りバント成功の場面で、審判の判定は二つのアウトです。球場は騒然となりました。

このときの二塁塁審は荒波宏則さん。すぐに自分の判断ミスに気づいた荒波さんは、思わず心の中で叫びました。

（こんな大舞台でミスをして、人生、終わった！）

プロ野球と違って、高校野球の審判を務めるのはアマチュアの方たちです。

荒波さんも、元高校球児。審判を務めた尾崎泰輔さんも、そして球審を務めた尾崎泰輔さんも、元高校球児。審判と選手、その立場は変わっても、甲子園が憧れの舞台であることに変わりはありません。とりわけ荒波さんにとっては、この日が人生初の甲子園の大舞台でした。

広い甲子園球場のざわめきは次第に大きくなっていきます。グラウンドでは審判四人が集まって協議。荒波さんは正直に自分のミスを認め、ひきつった表情で三人の審判に詫びました。

「私の間違いでした。申し訳ありません」

このあと四人の審判を代表して、尾崎球審がマイクを通して、この判定について説明しました。

「私たちの間違いでした。大変申し訳ありませんでした。バッター、アウト。ランナー、セーフ。一死二塁で試合を再開します」

審判がみずからミスを認めるという、異例の謝罪アナウンスでした。この潔いアナウンスには、球場全体から大きな拍手が送られました。

そしてこのとき、荒波さんの心に染みたのは、尾崎球審の冒頭の一言でした。荒波さんの間違いを責めることなく、審判団を代表して「私たちの間違い」とアナウンスしたことに、荒波さんは胸に込み上げる熱いものを抑えられませんでした。

のちに荒波さんは、この日の試練をこう振り返っています。

「甲子園の魔物に襲われ、野球の神様に救われました」

第63話

「きょう一日だけは、憧れるのをやめましょう」

2023年3月22日、第5回WBC（ワールド・ベースボール・クラシック）は日本がアメリカを破って14年ぶり3回目の優勝を飾り、日本列島は歓喜の渦に包まれました。

アメリカチームは全員がメジャーリーガーの豪華メンバー。決戦直前の日本のロッカールームでは、大谷翔平選手が日本代表メンバーに向けて強い思いをぶつけました。

「ボクから言いたいことは一個だけ。**憧れるのをやめましょう！**　ファーストにゴールドシュミットがいて、外野にはトラウトやベッツがいる。野球やってれば誰もが聞いたことのある人たちばかりです。

でも、きょうだけは、憧れてしまっては超えられません。ボクらはきょう、超えるために、トップになるために来たんです。**きょう一日だけは、彼らへの憧れは捨てて勝つことだけ考えていきましょう。**

さあ、いこう！」

相手を100％リスペクトしながら自分たちを鼓舞する言葉に、全員が奮い立ちました。

試合は、打っては村上、岡本のアベックホームランが飛び出して3点を挙げ、投げては八回にダルビッシュ投手を投入。九回裏、総力戦のバトンは大谷投手へ渡されました。

日本のリードはわずかに1点。2死ラン

ナーなし。ここで「まるで映画だ！」――誰もがそう思った〈夢の対決〉が実現しました。エンゼルスの同僚であり、メジャーを代表する〈大谷VS.トラウト〉の世紀の大勝負。結果は、トラウトの空振り三振でゲームセット！　日本がWBCを制し、この憧れを超えた現実に世界は震えました。

なぜ侍たちの戦いが、これほどまでに人々の心をつかんだのか？　彼らが常に、全力で投げて打って走って……時に少年のようにはしゃいで、野球を楽しむ姿を見せてくれたから、だったのだと思います。

勝利の瞬間、マウンドの大谷投手は雄たけびを上げ、グラブも帽子も投げ捨てて喜びを爆発させました。

栗山英樹監督の会見が、また胸を打ちました。「**たくさんの子どもたちが日本代表の選手たちに憧れて、カッコいいなと思い、自分もこうなりたいと思ったとき、人は頑張れるんだ**と僕は思っています。ぜひ子どもたちには、そこに向かってほしいです」

いくつになっても憧れの心を忘れず、いつかは超えてやるという強い思いが『侍ジャパン』には浸透していました。そしてこの日一日だけ、憧れを捨てて決死の勝負に挑んだ侍たちを野球の神様が祝福してくれました。

野球だけではありません。どんなことも憧れが原点となって人を強くし、さまざまな苦難を克服する原動力になるのだと思います。

第64話

「自分をもっと信じた方がいい」

大谷翔平選手は2018年にメジャーデビューを果たしました。しかしオープン戦ではまったくふるわず、「高校生レベルだ」「二刀流は議論にならない」など、厳しいアメリカメディアの洗礼を受けました。

このとき大谷選手がアドバイスを求めたのが、当時まだ現役だったイチロー選手。もっとも心に響いたのは、この一言でした。

「自分をもっと信じた方がいい」

イチロー選手が見抜いた不振の原因。それは〈技術面〉ではなく〈精神面〉でした。

シーズンに入ってからの大谷選手は、それまでの不調がウソのように快進撃を続け、結局この年の『新人王』に輝きました。

同じ言葉でも、別の誰かのアドバイスだったらどうだったでしょうか？　大谷選手が全幅の信頼を置くイチロー選手の言葉だったからこそ、効果があったのだと私は思います。

どんな道も、日頃の研さんは自分のためだけではありません。いつの日か、同じ道を歩む後進に光を届けるためでもあるのです。

＊参考　NHK『メジャーリーガー大谷翔平～自ら語る挑戦の1年～』2018・11・4放送

第5章　家族

第65話

「人の生活は自然の賜物《たまもの》でもなく 周囲の人より授けられるものでもなく 自ら造るものだ」

森鷗外は元祖キラキラネームの名付け親だった――NHK・BSプレミアム『孫のナマエ～鴎外パッパの命名騒動7日間～』(2014年7月23日初回放送)で知りました。

鷗外の娘婿は、かねてから子どもの命名を鷗外に依頼していました。のちに男児が生まれ、鷗外からは早速、長尺の手紙が寄せられます。そして、そこにしたためてあったのは……何とも奇妙キテレツな名前でした。

その名は「爵《じゃく》」。鷗外の「もとは雀のこと」との説明には、娘婿も素直に喜べません。友人からは一笑に付され、実の父にも正直、報告はためらわれました。

とはいえ、天下の文豪の命名です。断るに断り切れない娘婿は、悩みに悩むのでした。

やんわり鷗外に断りの手紙を出すと、鷗外からの返信は「取り捨てはご随意に(＝採用・不採用、どちらでもかまいませんよ)」と書きながら、あわせて爵の名を綿々と推すかたくなな気持ちが綴られています。

鷗外から何通も推しの手紙が届く中、娘婿は中国古代の漢字辞典『説文《せつもん》』をひも解きます。

そこには、こうありました。

「爵とは、雀と盃、二つの意味がある。中国では雀は節々足々《せっせっそくそく》と鳴く。節は節度、足は充足を表し、つまり盃に酒を入れすぎないこと、慎むことの意」

娘婿は、はたと気づくのです。「節度をわ

きまえる心、それが人として生きる大切な心である。さらに爵はジャックに通じる。海外でも通用する名である」と。

ここで娘婿は、結婚当初、鷗外から贈られた一通の手紙を読み返します。

君たち二人は光明世界をも
造りだし得《う》べき途上に立っている
未来がある　希望がある
未来がなくてはならない
希望がなくてはならない
警戒せよ　敬虔《けいけん》なれ
人の生活は自然の賜物でもなく
周囲の人より授けられるものでもなく

自ら造るものだ

人の未来や希望は、けっして与えられるものではない。自ら造りだすものだ――その言葉には鷗外の優しい心が満ちあふれ、若い夫婦への強い励ましが込められていました。

鷗外が名付け親になることとは、その字の由来を深く知り、名を付ける相手の人生に深い愛情を込めること――鷗外はそこまで深謀《しんぼう》遠慮《えんりょ》をめぐらせていたに違いありません。

娘婿はあらためてそう確信したのでした。

第66話

「いい人間になりたい」

私がオススメしたい映画の一本に『ギルバート・グレイプ』（1993）があります。若き日のジョニー・デップとレオナルド・ディカプリオ共演のヒューマンドラマです。

舞台はアメリカ中西部の片田舎。小さな食料品店で働くギルバート（J・デップ）は、知的障がいのある弟（L・ディカプリオ）と肥満で歩くこともままならない母親、そして二人の姉妹の面倒も見ながら、つましく暮らしています。

田舎町を一度も出たことがないギルバートの前に、祖母とトレーラーハウスで旅をする可憐な女性が現れます。いろんな土地をめぐっている彼女は、ギルバートに尋ねます。

「あなたはここで何をしたいの？」
「ここでは何もすることがなくて……」
「でも何か一つくらいはあるはずよ」
「………」

ギルバートは何も答えられないのでした。

与えられた環境で、ひたすら実直に生きる彼。自由を求めて奔放《ほんぽう》に生きる彼女。対極に生きる二人は、いつしか惹かれ合います。

「あなたの望みは？」
「ボクの家族に新しい家を。お袋にはエアロビクスを。妹が大人になること。弟に新しい脳を。それから……」
「自分には？　自分の望みは？」
「うーん……いい人間になりたい」

しばらく考えて、ようやく絞り出した答えが「**いい人間になりたい**」。このフレーズには、生真面目さと同時に、あきらめの感情も多分に含まれていました。

この町、この家に生まれてから、ずっと彼を制約してきたのは〈家族〉でした。

障がいのある弟は手がかかります。四六時中、目が離せません。でもどんなに心を込めて世話をしても、通じないときがあります。その苛立ちから、暴力をふるってしまい……次に彼を襲うのは〈自己嫌悪〉でした。

終盤には、女性との別れがやってきます。「引き止めないの？」。彼女が聞いても、彼は「行くな」とは言いません。自分は我慢しても相手を制約しないのが、いい人間としての美徳だと信じているから。

しかしそのあと、大きな悲しみを経て、彼は突拍子もない行動を起こします。

そして……再出発を果たすエンディングは何回見ても涙がこぼれます。

「いい人間になりたい」——その気持ちが自分自身を苦しめていたことに、最後にギルバートは気づきました。〈いい人〉になろうと頑張らないこと。それも、時には大切なことなのです。

第67話

「これは〈なんでもいうことをきくけん〉だよ。これを、いま使うよ」

A子さんはパート勤めのシングルマザー。中学3年生の息子B君と二人暮らしです。

コロナ禍で収入は激減し、日々つましい生活を送っています。ただA子さんの悩みは経済的な生活苦だけではありません。

B君は、この1年ほど、喫煙、万引き、校内暴力など、何度も非行を繰り返してきました。次第に学校へも行かなくなりました。

最近は無断外泊することも珍しくありません。昨夜は午前2時過ぎ、玄関のドアをガチャガチャ開ける音で、A子さんは目を覚ましました。

そこでA子さん、ずっと考えていた計画を実行したのです。

うす暗い玄関からヌッと姿を現したB君。寝間着のまま仁王立ちのA子さんを見て、一瞬ひるんだ様子を見せました。

すかさずA子さんは〈あるモノ〉をB君に突きつけて、こう言い放ちました。

「ね、覚えてる？　これは、お前が小1のときに作ってくれた〈なんでもいうことをきくけん〉だよ。これを、いま使うよ」

B君は黙って下を向いたままです。でもちょっとした表情の変化を、A子さんは見逃しませんでした。

「有効期限が書いてないから、まだこれ使えるよね。だったら聞いて！　お願いは一つだけ。よその人に迷惑をかけないこと。学校だって、行きたくなきゃ行かなくたっていい。勉強だって、しなくたっていい。好きな時間に起きて、好きな時間に寝ればいい。でも他人に迷惑をかけることだけはやっちゃダメ。ね、わかった？　以上！」

母が息子に突きつけたのは、彼が小学校に入学したばかりのとき、母の日のプレゼントとして作った〈サービスけん〉の1枚でした。ほかには〈かたもみけん〉〈おてつだいけん〉〈おそうじけん〉がありました。

ここで注目したいのは、これらの券に込められた思いはすべて、当時のB君のウソ偽りのない、純真で真っ直ぐな気持ちそのものだったということです。

またそれは同時に、母が息子に精いっぱい注いだ愛情の〈証《あかし》〉でもありました。

惜しみなく愛を注げば、いつか心の通う日がやってくる——A子さんはそう信じて、近くこのサービス券の効果が表れることに期待しています。

第68話

「ウソはダメだけど、優しいウソなら許されることもある」

C男さんは小学3年生の娘D子ちゃんとの二人暮らし。父子家庭なので子育ての悩みはいろいろありますが、救いはD子ちゃんが何でもC男さんに相談してくれることです。

昨夜、D子ちゃんが泣きはらした目でC男さんにこんな話をしてきました。どうやらクラスの友だちとケンカをしてしまったようです。

「ウソは絶対についてはいけないの？」

「うん、ウソはダメだ」

「その子のためについたウソでも？」

よくよく聞いてみると、その男の子は家庭の事情で体操服を購入できず、一人だけ違うジャージで授業を受けていたのでした。D子ちゃんは少しでも励ましたいと思い、こう話しかけたそうです。

「ステキな体操服ね」

「うるせぇ。ウソつくな」

その男の子、それからはD子ちゃんを無視するようになったというのです。

「それはウソだったの？」

「うん、穴があいてた」

「**そっか。ウソはダメだけど、優しいウソな**

ら許されることもある」

　では優しいウソとは？　このあと父と子でとことん話し合いました。

「まず言えるのは、自分を守るためのウソは絶対にダメだということだ」

「じゃあ友だちを守るためのウソは？」

「それもダメだ。その場はウソで切り抜けたとしても、友だちの将来を考えたら、本当の意味で友だちを守ることにはならない。ただし人を傷つけないためのウソや、周りを幸せにするウソは許されることもあると思う」

「じゃあ私がついたウソは？」

「優しさから生まれたウソだとは思う。でもその男の子は、その優しさに怒ったんじゃないかな。同情されたことに怒ったんだよ」

「………」

「見えすいたウソが相手を傷つけることもある。だったら何も言わない方がいい。無理に言葉をかけない方がいいこともあるんだよ」

　優しいウソなら許されることもあります。でも優しさと同情は違います。思い込みの優しさが人を傷つけることもあるのです。

　いまD子ちゃんは、その男の子に謝る機会を探しています。ただ一言、「こないだはゴメンね」。それだけは伝えたいと思っています。

第69話

「良かった〜。左脚は残ってる！」

40歳のEさんは、地方都市で小さな建設会社を営んでいます。従業員数人を雇い、妻と小学生の子ども二人の四人暮らしです。

それまでの平穏な日々が、突然の事故で一変しました。

事故は何の前触れもなく起きました。その日もEさんは建設現場で重機を運転していました。資材を運んで移動中、重機が段差で横転。Eさんは両脚を資材にはさまれました。

救急車で病院に運ばれ、緊急手術を受けました。幸い一命はとりとめましたが、重さ数百キロの資材に押しつぶされた右脚を切断するという大手術でした。

連絡を受けた家族は、大急ぎで病院に駆けつけました。長時間の手術後、妻だけが医師に呼ばれました。

麻酔でまだ意識が戻らないEさんを前に、主治医が妻に説明しました。

「やむなく、右脚を切断しました」

これを聞いた妻の反応に、主治医も看護師たちも驚きを隠せませんでした。

呆然《ぼうぜん》とした表情のまま、しばらく無言だった妻は、次の瞬間、涙顔ではっきりこう言ったのです。

「**良かった〜。左脚は残ってる！**」

右脚切断の夫の体を前に、妻の口から出た

のは、究極のプラス思考の言葉でした。

　どんなに悲惨な状況であれ、現実を受け入れることがプラス思考の原点です。いくらわめき泣き叫んでも、過去からつながる現在を変えることはできません。

　どんな場合でも、希望につながるプラスの発想は可能なはずです。現状を受け入れた上で、最善を尽くすとはどういうことなのか、なにごとも気の持ち方で変わってくるのではないでしょうか。

　落胆したとき、普通、口をついて出るのはマイナスの言葉しか考えられません。その常識からすれば、まったく予想もできなかった妻の一言に、主治医も看護師たちも驚きを隠せませんでした。


　過去の失敗をひきずったり、漠然とした将来への不安にかられたりすることは、誰しも経験があるでしょう。これがマイナス思考につながります。しかし過ぎ去ったこと、これから起きるかもしれないことを悩んでも仕方がありません。いまを懸命に頑張ろう。ただ目の前のことに集中しよう。これがプラス思考です。

　最悪の事態はまぬかれた。与えられた環境で精いっぱい頑張るしかない！　こんなＥさんの奥さまのような方だったら、ご主人だけでなく家族全員、いつも前を向いて明るく生きていけることでしょう。

第70話

「この子は、あなたを選んで生まれてきてくれたのよ」

F子さんは結婚早々に夫を亡くしました。不幸は続きました。忘れ形見の息子G君には知的障がいがありました。

1歳を過ぎた頃から、発達の遅れが気になっていました。（お願いだから普通であってほしい）。毎朝、神棚に手を合わせて祈りました。

しかし2歳になっても言葉はしゃべれず、同じ年齢の子どもたちと遊ぶこともできませんでした。

そして、3歳児検診で指摘を受けました。

「おたくのお子さんには障がいがあります」

あのときの絶望的な気持ちは、いまでも忘れられません。

その帰り道、ベビーカーのG君と横断歩道で信号待ちをしながら（このまま道路に飛込もうか）――そんな気持ちも一瞬、頭をよぎったといいます。

そのときでした。隣にいたサラリーマン風の若い男性の声が耳に入ってきました。G君に向けた一言でした。

「**はい、こんにちは**」

男性の目には、G君が無邪気に微笑みかけた表情が〈あいさつ〉をしたように映ったのでしょう。反射的に〈あいさつ〉を返してくれたにすぎません。

もちろんその男性に、G君の障がいの有無などわかるはずもありません。

でも、その何気ない男性の一言に、F子さんはハッと我に返りました。

（この子に罪はない。周りに笑顔をふりまいて、懸命に生きている。私が弱気になっちゃいけないいんだ）

運命を〈さだめ〉として受け入れたF子さんは、その後、知的障がい者の教育制度など熱心に調べました。

いまG君は中学1年生。元気に特別支援学級に通っています。同じ障がいを持つ友だちもいっぱいできました。保護者同士の交流も活発で、F子さん自身、たくさんの元気をもらっています。

特に、ある保護者のかけてくれた言葉が忘れられません。


「この子は、あなたを選んで生まれてきてくれたのよ」


それは、F子さんが久しぶりに〈光〉を感じた言葉でした。

（この子を守れるのは自分しかいない）

そう、しっかり自覚できたと話します。

そして、いまでも固く信じています。

（あの若い男性の「はい、こんにちは」は、亡き夫が天国からかけてくれた言葉に違いない）と。

第71話

「誰もパパのことなんか気にしてないのよ」

Hさんは中堅企業に勤める45歳のサラリーマン。妻と中学3年の娘の三人暮らしで、円満な家庭生活を送っています。

誰もが認める温和な性格は、Hさんの長所でもあり短所でもあります。常に相手を尊重するあまり、会社では上司や同僚、後輩の意見に押されっぱなしで、自分の考えを通したことなど一度もありません。

職場で目立たないとはいえ、仕事ができないわけではありません。地道で堅実な仕事ぶりに、取引先の担当者からはこんなことを言われてしまいました。

「Hさん、もっと自己アピールした方がいいですよ。おたくの会社、海千山千のつわものばっかりですから……」

当然のことながら、出世にはまったく縁がありません。同期にはとっくに先を越されています。そして今回の人事異動で、とうとう後輩が直属の上司になりました。これからは「さん」づけで呼ばなければならない関係に抵抗はありますが、仕方ありません。

先日、妻からキツイ一言がありました。

「あなた、悔しくないの？」

正直、〈悔しさ〉より〈あきらめ〉の気持ちの方が強い自分に、Hさん自身が情けなさを感じていたときでした。

娘さんが、こう言ったのです。

「誰もパパのことなんか気にしてないのよ」

さすがに娘のこの言葉はショックでした。

しかし次の一言で、Ｈさんの胸には熱いものが込み上げてきました。

「でも私はそんなパパが大好きよ」

さらに妻からも言葉が続きました。

「そうね、パパのいいところは、私たちにしかわからないのよ」

これにはとうとう我慢できず、思わず涙が頬を伝いました。

今回の人事異動を受けて、Ｈさんはいろいろ悩みました。昇進した後輩をねたみ、非情な人事をする会社を恨みもしました。

（自分の人生、これで良かったのか？）

過去の自分のふがいなさに腹を立て、自分の人生そのものを否定したくなるくらい、落ち込みました。

でも娘さんの一言で気づいたのです。

自分は自分。他人は他人。他人と自分を比較したって、まったく意味がない。

人生には、会社より、出世より大事なものがある。そのことを、彼がもっとも大切にしている家族が教えてくれました。

第72話

「そんな難しいこと、オレに聞くな！」

I男さんは機械メーカーの営業マンです。「いつも彼の話はおもしろい」と、取引先でも引っ張りだこの人気者です。

I男さんの鉄板ネタは、とってもユニークな自分の父親のエピソードです。

たとえば、こんな話です。

「親父は、この道50年の建具職人です。70過ぎたいまも現役で頑張ってます。でも仕事のない日は昼間っから酒飲んで、はっきり言って〈飲んだくれ〉です（笑）。

昔から肝心なときはいつも酔っぱらっていて、まったく頼りにならないんです。ただ救いは、とにかく陽気なお酒で、親父がいるだけで周りがパッと明るくなっちゃうんです。

もう20年前の話ですが、ボクが大学受験に失敗して、失恋して、もう何もかもイヤになっちゃったとき、親父に相談したんです。

『生きるって、どういうことか？』って。

そのときも親父は酔っぱらってたんですけど、返ってきた親父の言葉に、なぜかスッと気持ちがラクになったんですよ。

親父はこう言ったんです。

『**そんな難しいこと、オレに聞くな！**』

どうです？　笑えるでしょ？　もう最高でしょ？」

このときの親父さん、真顔でこう言ったあと、ゲラゲラ笑い出したそうです。

なぜか不思議に、どんな悩みも吹き飛ばしてしまうチカラのある一言です。

その理由は、やはり〈明るさ〉にあるのでしょう。

「人間は何のために生きるのか？」

この人生普遍のテーマに、一発で答えの出せる人などいないでしょう。詰まるところ世の中には答えはいくつもあって、自分なりに納得できる答えがあれば、それを信じていけばいいのだと思います。

ちなみに親父さんは、困ったときはいつもこの言葉で逃げるそうです（笑）。


山田洋次監督の映画『男はつらいよ』シリーズでは、寅さん（渥美清）が甥っ子の満男（吉岡秀隆）に同じことを聞かれ、こう答えています。

「難しいこと聞くなぁ。——ほら、生まれてきて良かったなぁって思うこと、人生で何度かあるだろ。そのために、人間、生きてるんじゃねえのかな」

理屈ではなく、こちらも、ウンウンとうなずける言葉です。

第73話

「私、あなたのお母さんになりたかった」

高校教師のJ男さん（55）はこれまで結婚に縁がなく、ずっと母親（88）との二人暮らしでした。しかし2年前に母親が認知症と診断され、やむなく特別養護老人ホームに入居させました。

50年前、夫（J男さんの父親）のDV（家庭内暴力）が原因で離婚。その後、女手一つでJ男さんを育ててきた母親は、つらい過去を忘れたいのか、自分は生涯独身で子もいない、と思い込んでいます。

コロナ禍で自由に面会はできませんでしたが、一週間前、老人ホームから思わぬ連絡がありました。

母親の容体が急激に悪化し、看取《みと》りにあたっては、希望するなら最期の時間をともに過ごせるというのです。

J男さんは老人ホームの配慮に感謝し、連日、仕事を休んで居室に泊まり込みました。

母親の意識は途切れとぎれです。J男さんのことを息子とはわかりません。身の回りの世話をしてくれる職員の一人と思っているのでしょう。うすれる意識の中でも、ひたすら「申し訳ないねぇ」「すいませんねぇ」を繰り返します。

そしてついに最期のときを迎えました。

信じられないことに、それまでほとんど会話できなかった母親が、J男さんの手をぎゅっと握りしめて、こう言ったのです。

「この度は、いろいろありがとね。こんな私にかまってくれて、あなたもほんとに、難儀《なんぎ》だったねぇ。**ああ、私、あなたのお母さんになりたかった**」

母親の最期の言葉に、J男さんの涙はいつまでも止まりませんでした。

自分の過去をすべて消したい――そう考えていたかもしれない母親に、J男さんは大きなショックを受けていました。

50年にわたる母子二人だけの生活は、自分にとっては日々、かけがえのない時間の連続でした。母親は、そんな大切な記憶をすべて忘れたい、消してしまいたいと思っている。結婚だけでなく子どもの存在まで否定しようとしている――そのことにJ男さんは耐えがたい苦しみ、つらさを感じていたのです。

最愛の人への不信感につながっていた気持ちが、母親のいまわの言葉ですべて解消された気がしました。

「**あなたのお母さんになりたかった**」

J男さんには、はっきりと「あなたのような息子がいて幸せだった」と聞こえました。

第74話

「人間は年を取ると、みんな赤ちゃんに戻るんだよ」

かつて被災して、長期間の避難所生活を強いられたK子さん（78）には、いまも忘れられないできごとがあります。

一緒に避難していた小5（当時）の孫のL子ちゃんが、避難所で初潮を迎えてしまいました。L子ちゃんは父子家庭で、K子さんが母親代わりです。

プライバシーのない異常な環境の中で、L子ちゃんは突然の体の変化に向き合わねばなりませんでした。本人は戸惑い、相当のストレスを感じていた、とK子さんは振り返ります。

そんなとき、K子さんは以前から兆候があった尿漏れがひどくなってきました。避難所ではトイレも思うようには使えません。

K子さんは尿漏れしたときの備えに、L子ちゃんとともに、生理用ナプキンの配付を避難所の担当者にお願いしました。

災害時に衛生用品は不足しています。中年の男性担当者は、けげんな表情で「あなたが必要なの？」と問いかけてきました。

恥ずかしさのあまり、K子さんはそれ以上お願いできなくなりましたが、隣にいたL子ちゃんは、とびっきり明るい声でこう言いました。

「ねえ、おじさん、人間は年を取ると、みんな赤ちゃんに戻るんだよ」

衛生用品が必要な理由を明快に表した言葉でした。

この天真爛漫《てんしんらんまん》な一言が、その場のぎくしゃくした雰囲気を様変わりさせました。〈尿漏れ〉なんてワードを使わなくても、しっかりK子さんの意図は伝わったのです。

「あ、すみません」

一人、気まずさを感じた男性担当者は、自分の理解が足りなかったことを恥じたのでしょう。うつむき加減に小声で謝りました。

ストレスだらけの環境の中で、精いっぱい明るくふるまうL子ちゃんに、K子さんは孫の成長を実感しながら感謝しました。

「あなた自身が大変なときなのに、気をつかわせてゴメンね」

一歩間違えば、お年寄りに対して失礼な物言いも、小さな子が明るく言い放つことで、負のイメージを吹き飛ばしたのです。

避難所は男性まかせの運営が多く、衛生用品の不足に加えて、授乳や着替えのスペースなど女性を取り巻く問題がいろいろ指摘されています。もっと女性の意見が反映される体制づくりが望まれます。

そうした問題はともあれ、どんな環境であろうと、言葉にはその場のムードを一変させるパワーがあることが、ここでも証明されました。

第75話

「わかってる？　お前、誰にも迷惑かけてないよ」

女子高2年のM子さんは、1年前に交通事故で大ケガをして3ヵ月ほど学校を休みました。学校に戻っても、特に親しい友人はおらず、休みがちの日々が続きました。この半年というもの、まったく登校していません。

最初は先生やクラスメートからあった連絡も、その後、ほとんどなくなりました。

M子さんの〈取り残され感〉は日増しに強くなり、家の中でも一日中、自分の部屋に引きこもっています。

両親との会話も拒み、二人きょうだいの兄とだけ、何とかコミュニケーションがとれる状態でした。

兄はすでに社会人として独立。別の都市で一人暮らしをしています。この日はほぼ1ヵ月ぶりに実家に顔を出し、部屋のドア越しにM子さんと会話しました。

「どうだ、調子は？」

「……最悪……」

「ぶっちゃけ、いま一番、何がつらい？」

「……全部……」

「ハハハ、全部か……」

「笑わないでよ」

「いや、笑ったつもりはないよ」

兄は深刻ぶらずに、つとめて明るく、こう話しかけました。

「だってお前さ、わかってる？　お前、誰にも迷惑かけてないよ」

この一言で、M子さんの表情は一瞬やわらいだ、と兄は確信しました。

兄が伝えたかったのは、いろいろ悩んでいることすべて、自分一人の問題にすぎないということでした。

兄との会話は続きました。

「お前の不登校は、お前だけの問題。それで誰かが困っているわけじゃない。親父もお袋も、オレも、ただお前がかわいそうだなって思うだけで、結局、お前一人の問題だってこと。だったらお前自身が解決するしかない」

「心配してくれてるんじゃないの？」

「みんな心配はしてるさ。でも心配と迷惑は違う。親っていうのは、心配はしても、それを迷惑だなんて思わないものさ。たまには一緒にメシ食うとか、顔を見せるだけで、そんな心配なんて吹っ飛んじゃうさ」

「学校は？」

「行かなくたっていいさ。通信制の高校でいいんじゃね？　だったらずっと家にいられるし……」

いまM子さんは、将来の大学進学も視野に入れ、通信制高校について調べる毎日です。

第76話

「ボクにもわからない」

日本を代表する狂言師・野村萬斎さんは、本業以外にも俳優、演出家など幅広い分野で活動しています。

私たちが伝統芸能〈狂言〉の世界をより身近に感じられるのも、こうした萬斎さんの日頃の活躍ぶりに負うところが大きいと思います。

萬斎さんは脈々と続く狂言師の家系で生まれ育ちました。父親は人間国宝の野村万作さん。そしていま、長男の裕基さんも同じ道を歩んでいます。

2022年3月21日放送のNHK『ファミリーヒストリー』で、裕基さんのインタビューが紹介されました。

裕基さんは幼い頃から厳しいけいこ漬けの日々を過ごし、父・萬斎さんと同じ3歳で初舞台を踏みました。

自由に遊びまわる友だちをうらやましく思いながら、萬斎さんに尋ねたことがあるそうです。

「みんな楽しく遊んでいるのに、なぜ自分だけが、毎日、こんなつらいことをしなければいけないの?」

そう話す息子の顔をじっと見つめ、しばらく考えて父親から返ってきたのは、予想外の答えでした。

「ボクにもわからない」

この一言に呆気《あっけ》にとられ、裕基さんは返す言葉もなかったそうです。

この世に生を受けて、人が絶対に抗えないものが〈人種〉であり、〈血縁〉です。

父も祖父も、さらにその祖先もみな、おそらくは同じ疑問に悩み、苦しみ、結局答えの出せぬまま、後世にバトンをつないできたのではなかったでしょうか。

それが、650年の伝統を守るという、生まれながらに背負った〈宿命〉だったからです。

その〈宿命〉から出せる答えは一つしかありません。

それが――**「ボクにもわからない」**

伝統と文化を守る日本古来の世界には、言葉では伝えられない、行動でしか説明できない奥義《おうぎ》があります。

答えを言葉で説明できなくても、先祖代々受け継いできた「型」を徹底的に教え込むことで、答えを示してきたのです。

萬斎さん自身も、かつて父・万作さんのことをこう話していました。

「父というより、師匠でした」

第77話

「よし、これで目標ができた。次の目標は……だ！」

N君は、ある有名私立中学をめざす小学4年生です。

母親が教育熱心で、最近、進学塾にも通いはじめました。しかしいまの実力では到底、合格できそうもありません。

苦手科目は算数です。きょうもテストの結果は50点でした。自分自身がふがいなく、悔しい気持ちでいっぱいです。いっそ両親に見せる前に答案用紙を破り捨ててしまおうか、そんなことまで考えました。

ヒステリックに大声で怒る母親の顔は容易に想像できます。とりあえずどんなときも穏やかな父親に見せることにしました。

「ちょっといいかな」

「何だ、どうした」

「うーん、算数のテスト、悪かった……」

「そうか、何点だった？」

「言わなきゃダメ？」

「そりゃあ言わなきゃ、話が始まらん」

「……50点……」

間髪《かんはつ》を入れず、父親は予想外の明るい声で言いました。

「よし、これで目標ができた。次の目標は51点だ！」

N君の表情はみるみるうちに明るくなりま

した。

父親が息子を励ます、このときのポイントは三つありました。

まず明るく元気に話すこと。暗く重いトーンでは励ましの声には聞こえません。

次に他人と比較しないこと。「○○君は何点だったの？」「△△ちゃんは？」などは絶対にNGです。あくまで勉強は〈自分との闘い〉であることを強調すべきです。

そして最後の肝は、達成可能な目標を提示することです。大きな目標の前には、必ず段階的にクリアすべき小さな目標がいくつも存在します。その最初の手近な目標が、〈1点の上乗せ〉だとしたらどうでしょう。

けっしてムリのない、達成可能な数値目標だからこそ、子どもの〈やる気〉はぐっと高まるに違いありません。

この励ましの三つのポイントは、相手が子どもに限りません。たとえば仕事上でも、上司が部下に指導する際など、大いに参考になるはずです。

人間関係を築くコミュニケーションの基本としても、ぜひ押さえておきたいですね。

第78話

「好きなことなら夢中になれる。我慢ができる」

ある日の中学生の息子と父親の会話から。

「ねえ、お父さん。どうしてボクたち、勉強しなくちゃいけないの？」

「そりゃあ、社会人になって必要だからさ」

「だって、数学なんて役にたたないじゃん」

「そんなことないさ。知ってるか？　大工さんだって三角関数のタンジェントなんて毎日使ってるんだ」

「え、ウッソー」

「ホントだよ。どんな仕事も、いろんな知識が必要なのさ。だから将来、自分が何をしたいのか、まず見つけることが大事なんだ」

「ボクはゲームクリエイターになりたい」

「だったらプログラミングを勉強しなきゃ。数学はもちろん、技術・家庭科の授業も大事だぞ。**好きなことなら夢中になれる。我慢ができる。要は好きなことを見つければいいんだ**」

中高生に限りません。いくつになっても好きなことさえ見つかれば、楽しく豊かな人生を送ることができるのです。

第6章　日常

第79話

「ダメだからダメ」

1997年、当時14歳の男子中学生が相次いで小学生5人を殺傷した事件は、どのメディアもセンセーショナルに取り上げました。

テレビのワイドショーでは連日、こんな質問を視聴者に投げかけました。

「なぜ人を殺してはいけないのか？　あなただったら、子どもにどう説明しますか？」

コメンテーターたちは、さまざまにこう答えました。

「法治国家には『人を殺してはいけない』という法律があるから」

「もっとも重大な人権侵害に当たるから」

「死んだ人は生き返らない。取り返しのつかないことだから」

「誰でも死んだら悲しむ人がいるから」

正直言って、納得できる答えはありませんでした。

その後、ストンと胸に落ちたのが、ベストセラー『国家の品格』（藤原正彦著・新潮新書）にあった、この一節でした。

「人を殺していけないのは、『ダメだからダメ』ということに尽きます。『以上、終わり』です。論理ではありません」

数学者の藤原さんは、実際に重要なことの多くが論理的には説明できないと述べ、会津藩の藩校・日新館の『什《じゅう》の掟《おきて》』を引いています。

一つ、年長者の言うことに背いてはなりませぬ
二つ、年長者にはお辞儀をしなければなりませぬ
三つ、虚言を言うことはなりませぬ
四つ、卑怯《ひきょう》な振る舞いをしてはなりませぬ
五つ、弱いものをいじめてはなりませぬ
六つ、戸外で物を食べてはなりませぬ
七つ、戸外で婦人と言葉を交えてはなりませぬ

ならぬことはならぬものです

藤原さんは、七つ目以外はすべて納得できる（笑）、幸運だったのは、父（作家・新田次郎氏）の日常の教えだったと言います。

「弱い者いじめの現場を見たら、自分の身を挺《てい》してでも、弱い者を助けろ」。理由は、弱い者いじめを見て見ぬふりをするのは卑怯だから。この「卑怯だから」の一言でおしまいだったそうです。

考えてみれば、どんな難問も「ならぬことはならぬ」「ダメだからダメ」で片づけることができます。

さらに自分がつらいとき、苦しいとき、他人に気づかうことなく「イヤなことはイヤ」「できないことはできない」と決断することだって可能です。ストレスを溜めて健康を損なうことより、絶対にオススメです。

第80話

「赤ちゃんは泣くのが商売や。ワシが泣いたら、許されへんけどな」

A子さんが2歳の娘をベビーカーに乗せ、地下鉄に乗っていたときのこと。通勤ラッシュもほぼ終わった午前9時半すぎ。それでも車内はけっこう混んでいました。

突然むずかりだした娘さんは、とうとう声を上げて泣き始めてしまいました。お腹がすいたのか、おむつが汚れたのか、理由はわかりません。両手の荷物を床に置き、ベビーカーを折りたたんで抱っこしても、いっこうに泣きやみません。

周りの視線が突き刺さります。

(うるさいな。早く静かにさせろ)

(こんな時間帯にベビーカーで乗るなんて非常識ね)

そんな声が聞こえてきそうな、何ともいたたまれない気持ちでいたA子さん。

(頼むから泣きやんで)

あやしながら、ひたすら祈るしかありませんでした。

そのときでした。一人の年配の男性の言葉で、車内は大爆笑に包まれました。

「ええよ、赤ちゃんは泣くのが商売や。ワシが泣いたら、許されへんけどな。ワシの分まで泣いてくれや」

ユーモアにあふれ、気まずい雰囲気を一瞬にして吹き飛ばしたナイスな一言です。

男性は上下グレーの作業着姿で、一見、工務店の経営者を思わせる雰囲気でした。わずかに顔に赤みがさしていたのは、照れだけではなく、ひょっとしたら朝からちょっぴりお酒が入っていたのかもしれません。

「赤ちゃんは泣くのが商売や」は誰もが思いつきそうですが、続けて「ワシが泣いたら……」は、なかなか出てこないフレーズです。

何ともセンスにあふれています。思わず飛び出したのは、おそらくこの男性の本音だったからでしょう。

そして最後の一言。「ワシの分まで泣いてくれや」は、ユーモアだけでなく、見方によっては多分にペーソス（哀感）が込められています。

実は、この男性の本音はここにあったのかも……。勝手に推理するに、仕事はけっして順調ではなく、いろいろ悩みを抱えての言葉だったのかもしれません。

いずれにせよ車内で困り果てていたA子さんを救い、その場の空気をなごませたのは、この男性の人間味あふれる言葉でした。

それにしても、どうしてでしょう。こういうときの関西弁は、とても優しい響きがありますね。

第81話

「いま必要な勇気とは、一番大切な人に、一番大切なことを伝える勇気です」

中2女子生徒といじめ相談員の会話から。

「私、小学生の頃から毎日、教科書や靴や体操服を隠されて、いまもクラス全員から無視されてる感じで……とってもつらくて」

「お父さんやお母さんに相談しましたか？」

「………」

「相談できないの？」

「はい、そんなことできません」

「どうしてかな？」

「親には、心配かけたくないし、やっぱり恥ずかしいから」

「先生には？」

「できません。相談したことがクラスでバレちゃうと、いじめがもっとひどくなる」

「お友だちはいないの？」

「いないことはないけど……そんな話、できるような人は、いません」

「あなたにいま必要なのは、勇気です」

「はい、それはわかります」

「では、どんな勇気か、わかりますか？」

「いじめっ子たちと戦う勇気だと思います」

「いいえ、違いますよ」

「え、よくわかりません」

さて、どんな勇気が必要なんでしょうか？

相談員は、こう答えました。

「あなたにいま必要な勇気とは、あなたにとって一番大切な人に、いま一番大切なこと、いじめられていることを伝える勇気です」

これだけは、はっきり言えます。

小中学生のいじめは、絶対に一人では解決できません。誰か大人が介入しなければ、到底、解決できる問題ではありません。

では誰に相談すべきでしょうか？

いじめられている本人のことを、もっとも大切に思っている人です。苦しみも悲しみも共有してもらえる存在。やはり両親、きょうだいなどの肉親でしょう。

学校の先生にも、ぜひそういう存在であってほしいと思いますが、現実はなかなか難しいようです。

この女子生徒の場合、小学生の頃からいじめの被害にあっていながら、両親には相談できなかったと話しています。その理由は「心配かけたくないから。恥ずかしいから」――そうした気持ちを乗り越える勇気が、いま求められています。

両親からは、「何があっても、私たちは絶対に味方だからね」。きっと、そんな言葉が返ってくるに違いありません。

第82話

「ありがとう。これ、チップ。とっといて」

タクシー運転手のB男さんは、この道20年のベテランです。〈記憶に残る話〉として、こんなエピソードを話してくれました。

「いろんなお客さんがいますよ。人間的にスゴイなっていう人もいるし、逆に人として、これはおかしいだろっていう人も……。

これまで一番記憶に残っているのは、夜の11時過ぎに一人で乗られた年配の男性です。大企業のお偉いさんって感じでしたね。

その方が、降りるときに小銭をこぼしちゃったんです。ええ車内で。いくらか拾ったあと、まだ500円玉が1枚足りないって言うもんですから、私も一緒に捜したんです。

心の中では、（ああ、めんどくさいな）って思いましたよ。だって、ホントに落としたかどうか、確かめようもないわけですから。

それに、おわかりだと思いますけど、車の中って、とっても捜しづらいんですよ。特にシートの下は……。

うーん、10分は捜したと思いますよ。（もういい加減にしてくれ）って思いながらね。そうしたら見つかったんですよ。

そのお客さん、「あった～」って、もう大喜びで。そのあとですよ、私がびっくりしたのは。その500円玉を握りしめて、私に向かってこう言ったんです。

『ありがとう。これ、チップ。取っといて』

もうとにかく私、びっくりしちゃって」

Ｂ男さんは、興奮ぎみに話し続けました。

「ええ、受け取りましたよ。ありがたくいただきました。それもね、その方が、こう言ってくださったから。

『チップはね、サービスに対するお礼なんだよ。長い時間、ボクに付き合ってくれたサービスへの感謝のしるしだから』

そしてね、最後の言葉が粋だったんです。

『あー、これできょうはよく眠れる』って。

あの方のおかげで、私、仕事が楽しくなりました。お客さん一人ひとりに、この人はどんなサービスをしたら喜んでもらえるか、考えることが楽しくなったんです。

え、チップが目的かって？　いいえ、そんなことないですよ（笑）。目的は一つです。

『あー、このタクシーに乗ってよかったな。きょうもよく眠れる』って思ってもらいたいだけ。そうすればね、はい、その日は私も、よく眠れるんですよ」

第83話

「10年後は、もう付き合ってないよ」

C子さんは専業主婦。小3と小1の二人の女の子がいます。子どもたちの交友関係は、ママ友のお付き合いにも関わってきます。

最初は楽しかったママ友との交流も次第にストレスとなり、久しぶりに会った親友D子さんに、C子さんは思わずグチをこぼしました。

「LINEのグループが4つもあって、毎日のやりとりが大変！　既読スルーなんてしたものなら、もう大変なことになるの。絶対にできない」

「大変なことって？」

「グループ外しよ。いつの間にか裏グループが作られてるらしいわ」

「そんなの、いじめじゃん。中学生や高校生と変わんない」

「そうよ。あと、みんなで集まることも多くて、先月なんかホテルのランチが4回よ」

「ワーッ、豪華！」

「正直言って、金銭的にもキツイわよ」

「誘われても、2～3回に1回のペースで参加すればいいじゃん」

「そうもいかないわよ。1回出ないだけで置いてけぼりになっちゃう感じなんだよね」

「無理して付き合うことはないと思うよ」

「でも、子どもが一緒のときも多いから」

「そのときは出ればいい」

「うーん……」

「だって考えてもみなさいよ。10年後は、もう付き合ってないよ」

子どもが成長すれば、ママ友との接点はなくなる――あらためてそのことを気づかせてくれた言葉でした。

子ども同士の交友は、クラスや学校が替わるたびに変化します。数年も経てば、親の介入する余地すらなくなるでしょう。

ママ友の付き合いなんて〈期間限定〉の短いものだと考え方を変えてみるだけで……どうですか？　少しだけ、気がラクになってきませんか？

だとしたら、けっして無理をせず、付かず離れずの関係をキープするよう努めればいいだけのこと。

どんなことも、いまの自分の立場を客観的に俯瞰《ふかん》するだけで、新しい気づきがあるものです。

このケースではＤ子さんの客観的なアドバイスが功を奏しました。

それにしても、子どもの成長は、同時に親も成長させてくれるものなんですね。

第84話

「真面目とはね、君、真剣勝負の意味だよ」

私が思春期の頃、悩めるときに大いに救われたのが、夏目漱石の小説に出てくる言葉の数々でした。日常のごくありふれた会話の中で、しばしばドキッとするような言葉に刺激を受けたものです。

『三四郎』は、熊本から大学入学のため上京した主人公・小川三四郎が、近代化が進む明治末期の東京で、時に孤独感にさいなまれながらも、さまざまな人たちとの交流を経て成長してゆく物語です。

上京する汽車の中で、その後の人生に大きな影響を受ける広田先生と出会います。

「あれ（富士山）が日本一の名物だ。あれよりほかに自慢するものは何もない。ところがその富士山は天然自然に昔からあったものなんだから仕方がない。我々がこしらえたものじゃない。（中略）亡びるね」

当時、こんな発言をすれば〈国賊〉扱いだと三四郎は警戒します。しかし広田先生の次の言葉に、三四郎に自分を重ねる読者（私も含めて）は一気に勇気をもらうのです。

「熊本より東京は広い。東京より日本は広い。日本より……頭の中の方が広いでしょう」

一番広いのは頭の中だ——もちろん頭でっかちは困りますが、未来への不安でいっぱいの若者を発奮《はっぷん》させる名言です。

『虞美人草《ぐびじんそう》』は、将来を嘱望される優秀な若者が、二人の女性をめぐって、卑しい打算と優柔不断さから取り返しのつかない不幸をもたらしてしまう物語です。

友人でもあり、恋敵《こいがたき》でもあった青年が、彼の生き方を糾弾《きゅうだん》し、「真面目になれ」と諭します。

「真面目とはね、君、真剣勝負の意味だよ。（中略）人一人真面目になると当人が助かるばかりじゃない。世の中が助かる」

対象が学問であれ、女性であれ、何であろうと、ひたむきに正直に向き合わなければ、本人だけでなく誰一人として幸福にはなれません。

また漱石は、日常にたちふさがる数多くの苦難に対して、登場人物の若き哲学者にこう語らせています。

「宇宙は謎である。謎を解くは人々の勝手である。勝手に解いて、勝手に落ちつくものは幸福である」

身の周りのことはすべて謎だらけ。謎の解釈は百人百様であっていいのであり、何よりそう考えること自体が、人それぞれの幸せにつながる、と私は解釈しています。

第85話

「さあ、おもしろい展開になってまいりました〜っ！」

Eさん（48）は、自他ともに認める〈プレッシャーに強い男〉です。

勤続30年の鉄鋼メーカーで中間管理職を務め、上司と部下にはさまれて、ストレスまみれの会社生活を送っています。

家庭では、子ども二人が大学・高校のダブル受験を控え、毎日ピリピリムードです。疲れて家に帰っても、ストレスから解放される時間がありません。

そんなEさんがなぜプレッシャーに強いのか？　一つこんな対処法がありました。

ストレスを感じたとき、プレッシャーに押しつぶされそうになったとき、誰も頼れないとき、一人、心の中で思い切り叫ぶのだそうです。まさにアナウンサーがスポーツの実況中継で絶叫するくらいのボリュームで……。

「さあ、おもしろい展開になってまいりました〜っ！」

Eさんはいつも〈自己暗示法〉を実践していました。

ピンチになったとき、「自分ならうまくやれる」と自分自身に言い聞かせるのが自己暗示です。

誰も頼れる人がいない。誰も励ましてくれない――そんなときは、自分で自分を励ますしかありません。

Eさんの場合は、まず自分が置かれた立場を客観視することによって見えてくるものがあるといいます。心の中でこのセリフを絶叫していると、自然と余裕が生まれ、時には笑みさえ浮かんでくることもあるそうです。

もちろん何度もこの状況を経験し、いくつかの成功体験があって、ここまでの自信につながっているとも話します。

『プレッシャーを楽しもう』なんて、軽々に言えることではありませんが、大いに参考にしたい体験談です。

自己暗示にはいろんな方法があります。

アスリートが試合中に口をもぐもぐ動かして、何かつぶやいていることがあります。

「オレは絶対に成功する」「オレは勝つ」

心の中で唱えるだけでなく、少しでも声に出すことは大きな効果につながります。多くの成功者が、夜寝る前に一人、何度も声を出して成功のイメージを口にしたと話しています。

また文字に表すことも効果があります。日記に繰り返し目標を書き続けたり、大書して壁に貼っておくなど、視覚的に自分自身に訴えることで成功のイメージを植えつけるわけです。

まずは実践あるのみ。ぜひ一度試してみてください。

「彼はいつも元気な〈あいさつ〉を体で表現していたんだ」

ある日の昼下がり、イクメンパパ同士の会話から。

「オレが住んでるマンションに、とっても気持ちのいい男の子がいるのよ」

「ん、どんな子だよ?」

「男の子っていっても、中学生くらいかな。とにかくその子の〈あいさつ〉が気持ちいいんだよ」

「〈あいさつ〉かぁ……。たしかに〈あいさつ〉のできない子は多いよね」

「ああ、子どもに限らない。大人だって同じさ。ばったり会っても目を合わせない。こっちが『こんにちは』って言っても知らん顔しているじいさん、ばあさんだっている」

「へぇ～っ、それは腹立つねぇ」

「そんな大人に比べて、その子はいつも〈あいさつ〉してくれるんだ。それも、20～30メートル離れていても、そんな遠くからでも深々と頭を下げるんだぜ」

「それは大したもんだ。きっと親御さんの教育がいいんだろうな」

「お前も、知ってることだと思うけど……」

「ん、何よ?」

「うちの息子の保育園、いつもオレが迎えに行くだろ」

「オレだって行けるときは行ってるよ」

「だったらわかるよね。子どもたちはみんな

『せんせい、さよなら。みなさん、さよなら』って大きな声で言ってるだろ。つまり〈あいさつ〉なんて、みんな幼稚園や保育園で習ってるんだ。それがなぜか大人になると、言えなくなっちゃうんだよね」

「うーん、たしかに、それは言えてるな」

「で、オレ、考えたわけ」

「ん？」

「例の男の子、何でそんなに礼儀正しいのかってこと」

「ん、それでわかったの？」

「うん、わかった。実はさ、近所のコンビニで目撃したのよ」

「ん、何を見たの？」

「彼が友だちと会話しているところ」

「ん、どういうこと？」

「彼は、手話で会話していた」

「……………」

「オレ、そのとき初めて気づいたんだよ。そういえば、彼の声を一度も聞いたことがなかったって。保育園では『元気にハキハキ〈あいさつ〉しなさい』って教えられるけど、**彼はいつも元気な〈あいさつ〉を体で表現していたんだ**」

「だから深々とお辞儀していたのか……」

「コミュニケーションの道具は〈言葉〉だけじゃないってこと。オレ、その子から教えてもらったんだ。な、勉強になるだろ」

第87話

「あなた、そんな幸せなこと、ありませんよ」

ある老夫婦（80歳・76歳）の会話から。

「あ～あ、きょうも何もしないで一日が終わってしまった。いくら年寄りとはいえ、こんな毎日でいいんだろうか」

「いいんですよ。あなたは若い頃、ずいぶん頑張ったんですから」

「朝起きて、メシ食って、散歩して、またメシ食って、昼寝して……それからまたメシ食って、あとは寝るだけで、こんな毎日でいいんだろうか」

「いいんですよ。何もすることがないって、そんなぜいたくなこと、ありますか」

「ぜいたくな暮らしはもっと違うだろ。酒池肉林で、美女をはべらして……」

「あなた、本気で言ってるんですか」

「頼むから、そんな怖い顔はやめてくれ」

「何か、好きなこと始めればいいじゃないですか」

「あ～あ、こんなことなら若い頃、もっと趣味をいっぱい作っておけばよかった」

「若い頃『趣味は？』って聞かれたら、『女房です』って答えていたじゃないですか」

「忘れた……」

「とは言わせませんよ」

「あ～あ、何かパ～ッと派手なことでも起きないかね。まだ体力には自信があるし……」

こんな日常会話の最後を締めくくるのは、いつも奥さまです。このあとご主人は、ぐうの音《ね》も出ません。

いくつになっても『男は夢を追いかけ、女が現実を教える』――そんなフレーズを地で行く奥さまの一言です。

「あなた、普通に一日が終わるって、そんな幸せなこと、ありませんよ」

〈普通〉とは、当たり前のこと、一般的なことです。トラブルのない普通の状況で、普通に食事ができて、普通に睡眠がとれる。経済面でも健康面でも、そんな幸せはないでしょう。

ましてや最高の理解者である奥さまがいつもそばにいてくれるなんて、この男性ほど幸せ者はいないでしょう。

もちろん奥さま自身は、その幸せを実感しているからこそ、さらっとこの言葉が出てきたのだと思います。

またこのとき、ごく自然に生まれるのは、〈感謝〉の心でしょう。

『当たり前の幸せに感謝する』――そんな日々を送りたいものです。

けっしてお年寄りだけに響く言葉ではありません。若い人たちにも届けたい言葉です。

第88話

「コンプレックスって○○だよ」

F子さんは青春ど真ん中の17歳。悩みはルックスです。自信がありません。毎朝、鏡とにらめっこしては、タメ息をついています。

一人悩んでいましたが、国語の授業で先生から勇気の出る言葉をもらいました。

それは、三島由紀夫の『金閣寺』を教材に、小説のテーマであるコンプレックスについて考える授業でした。

『金閣寺』は、吃音症《きつおんしょう》に悩む学僧が、美の極致《きょくち》である金閣寺への憧れが憎しみへと変わり、ついには放火という破壊行為に及んでしまうという、自己の内面の葛藤と闘いを描いた作品。

重いテーマでありながら、先生は授業でこう言ったのです。

「人のコンプレックス、それって個性だよ」

誰にでもコンプレックスはあります。コンプレックスのない完璧な（？）人なんて、まずいないでしょう。自分の努力で克服できることなら懸命に努力すべきですが、どうしようもないことにクヨクヨしても始まりません。受け入れるしかありません。

授業の最後に、F子さんは先生のこの言葉も書きとめました。

「コンプレックスはチカラになる。チカラにするのは、自分自身だ！」

おわりに

いかがでしたか？　私が選んだ**〈88の極上の言葉〉**。偉人の名言もあれば、どこかのおじいちゃんやおばあちゃんの何気ない一言まで、多種多様な言葉をご紹介しました。

なかには、その一言だけでは〈極上〉の意味合いがまったくわからず、本文を読んで初めて理解できた、という言葉もあったことと思います。

言葉は生きています。言葉そのものはシンプルでも、いつ、どこで、誰が発した言葉なのかによって、たちまち光り輝く言葉に変容します。

人生経験たっぷりのお年寄りの言葉だからこそ心に響くことがあれば、幼い子どもの無邪気な一言が胸を打つこともあります。

それが言葉のチカラです。

そして忘れてならないのは、言葉は素晴らしさと恐ろしさの両面を持ち合わせていることです。

言葉のチカラは、プラス面だけに作用するとは限りません。時には、マイナス面にも作用します。

「私のために生きてほしい」。この一言で自殺を思いとどまる人もいれば、「お前なんか死ねばいい」。ＳＮＳでの無責任な誹謗中傷《ひぼうちゅうしょう》のコメントで命を絶つ人がいます。言葉は人の命を左右することさえあるのです。

この本で私は、徹底的に言葉のプラス面にこだわりました。

言葉に傷ついて悲しむ人を見るより、自分の一言で心を震わせ、前に進む人を見る方がどれだけ幸せなことでしょうか。

つらいときにかけられて胸に染みる、誰もが前を向いて「よし、頑張ろう」と思えるような言葉を、ひたすら追求しました。

悩みのない人生など、ありません。誰しもさまざまな悩みを抱えて生きています。

そんな人たちが、ほんのちょっとでも前向きになれるお手伝いをしたい——それがこの本を書くきっかけでもありました。

ぜひ皆さんも言葉のチカラを信じて、少しでも周りの方たちを元気にする言葉を探していただけたらと願います。

最後にこの本を、亡き父と母、そしていつも一番に私のことを理解し、応援してくれる妻と家族に捧げます。

また企画の段階から貴重なご意見をいただいたJディスカヴァーの城村典子さん、この本のコンセプトを素敵なイラストで表現してくださった松井香保里さん、そして最後まで厳しいリクエストと甘いホメ言葉で励ましてくださったみらいパブリッシングの吉澤裕子さんと近藤美陽さんに、心から御礼申し上げます。本当にありがとうございました。

浅沼道郎

浅沼道郎（あさぬま・みちお）

名古屋テレビ（メ〜テレ）アナウンサー歴28年。ニュースキャスターはじめ、情報番組MC、スポーツ実況などあらゆるジャンルの番組を担当。退職後はアナウンサー養成学校や話し方教室、大学などで講師・講演活動を続けている。コロナ禍、ウクライナ戦争、値上げラッシュなど社会全体に閉塞感が広がる中、持論は「つらく苦しいときにこそ明るく前向きな言葉が必要だ」。日々『極上の言葉』を追求している。著書に「ゆっくり話すだけで、もっと伝わる！」（朝日新聞出版）、「周りの9割が味方に変わる話し方」（みらいパブリッシング）がある。1953年愛知県生まれ。早大卒。

松井香保里（まつい・かほり）

絵本作家

『あのね、ほんとはね』で第4回絵本出版賞 優秀賞 受賞。アクリル絵の具を使った風景画や似顔絵を得意とする。1992年高知県生まれ。京都精華大学マンガ学部カートゥーンコース卒業。

極上《ごくじょう》の言葉《ことば》に涙《なみだ》する夜《よる》があってもいいじゃないか

胸《むね》を撃《う》つ88の物語《ものがたり》

2023年8月29日　初版第1刷

著　者　浅沼《あさぬま》道郎《みちお》

発行人　松崎義行

発　行　みらいパブリッシング

〒166-0003 東京都杉並区高円寺南4-26-12 福丸ビル6F
TEL 03-5913-8611　FAX 03-5913-8011
https://miraipub.jp　MAIL info@miraipub.jp

企画協力　Jディスカヴァー

編　集　吉澤裕子

イラスト　松井香保里

ブックデザイン　洪十六

発　売　星雲社（共同出版社・流通責任出版社）

〒112-0005 東京都文京区水道1-3-30
TEL 03-3868-3275　FAX 03-3868-6588

印刷・製本　株式会社上野印刷所

ISBN978-4-434-32569-4 C0095